Escrito por Carlos A Cristi

ISBN: 9798856237343
Imprint: Publicado Independientemente

Libertad o Sumisión, opciones para una República, una traducción de
Liberty or Submission

Esta es una obra de no ficción. Todos los relatos, nombres, títulos y eventos son recuerdos de experiencias a lo largo del tiempo. Las opiniones son únicamente del autor. Se han comprimido algunos eventos y se han recreado algunos diálogos. Las imágenes, incluida la portada, son retratos familiares.

Impreso en los Estados Unidos de América

Library of Congress Control Number: 2023915842
Cristi, Carlos A.

Primera edición, septiembre de 2023

Este libro está dedicado a todas las madres, aquellas mujeres que, por la Gracia de Dios, dan luz a niños. A todos los padres, aquellos hombres que, por don de Dios, procrean la vida con una mujer. A todos los niños, creados por amor en la imagen de Dios, y juntos, se convierten en miembros contribuyentes de la sociedad viviendo una vida fructífera. Y a todos los perros, esos animales que fielmente esperan las manos amorosas de sus dueños, y que los humanos nunca los dañen.

Un sincero agradecimiento a Ben, de la generación Z, quienes emplean la inteligencia artificial para traducir y organizar trabajos sin dificultades.

Y

Mi gratitud a Pamela por su extraordinario talento en las artes y su atención a los detalles. Asimismo, estoy agradecido por Cristina, quien desempeña un lugar especial en mi corazón y aporta valiosas críticas en el trayecto de mi vida.

Y

A ese abogado anónimo y futuro padre, y a los nietos, quienes me impulsaron a terminar este libro con rapidez y comenzar a redactar mi próximo libro, Tata's Tales. Si Dios quiere, espero hacer que ese sueño sea realidad.

Contenido

Segunda Parte
El comienzo, caminando hacia un socialismo progresista

Tercera Parte
La migración de una familia hacia los Estados Unidos

Prólogo

Durante las elecciones presidenciales de 1970, en mi país natal, recuerdo haber escuchado a mis padres llorar. Al día siguiente, supe que algunos amigos de la familia, propietarios de negocios, estarían huyendo del país ante el caos que se desataría en la República de Chile. El destino hizo que mi familia se encontrara entre ellas.

A los pocos meses, los adultos no permitían que los niños que solían jugar fútbol se juntaran. Las familias comenzaron a dividirse entre ideologías políticas y vecinos se gritaban "momios" o "upelientos". Los niños se preguntarían qué libros escolares cambiarían o cuál verso del himno nacional que aprendían se modificaría. Después ellos harían fila para comprar y algunos verían a sus padres perseguidos por el gobierno de turno. Comenzó la destrucción de una sociedad libre, y la antigua República, junto con el palacio de gobierno, se derrumbaron.

Una década después, toda la familia de mi padre ya estaba sembrando raises aquí en los Estados Unidos. Ese otoño de 1983 recuerdo estar corriendo por la pista junto a una flota de bombarderos B-52 en una base aérea estratégica al norte de California; Estábamos acuartelados debido a los bombardeos en Beirut y nos dijeron que era el punto álgido de la Guerra Fría. Los cuestionarios de migrantes años antes para ingresar a los Estados Unidos, preguntando si alguna vez había estado afiliado al partido comunista o totalitarios, o mi nueva doctrina militar en el contexto de la guerra contra la Unión Soviética, comenzaron a aclarar lo que había sucedido hace más de una década en mi tierra natal mientras completaba esa corrida de la tarde.

En 2019, viajé con mi padre en una edad avanzada y aprendí de sus experiencias y eventos que provocaron los desmoronamientos de las democracias durante el siglo XX. Ya ambos abuelos, regresamos a Chile sin ningún compromiso, solo paseamos y viajamos. Fuimos al norte y al sur en auto y en bus. Pasamos por pequeñas

provincias y pueblos con casas y boliches que él recordaba décadas antes. Esos lugares olvidados y que, durante décadas, siguiendo la conciencia social establecida por mis abuelos, lo impulsó a defender un comercio justo para pequeños emprendedores chilenos. Comunas que aún están lejos de alcanzar el oasis latinoamericano como el Sanhattan, cerca de barrios donde el estudio décadas antes.

Durante ese viaje, fue doloroso visitar el centro de Santiago. Nos sorprendían los asombrosos edificios coloniales, pasajes e iglesias que rodeaban la Plaza de Armas en nuestras respectivas juventudes. Sin embargo, en la última década, estos lugares históricos han sufrido un deterioro debido al vandalismo, tráfico de drogas y la migración ilegal.

Mi padre, Jorge Cristi Pizarro comenzó a trabajar en el centro de Santiago ayudando a mi abuelo desde los 13 años. Fue dirigente gremialista en Santiago y la vida lo llevo a emprender negocios en diferentes países; Se llevó bien con gente de diferentes culturas y para él ninguna persona era un extraño. Siempre dispuesto a ayudarlos sin importar su origen o religión.

Lo que me impactó en su relato de emprendedor fue sobre cómo su destino empresarial lo llevó a la revolución "Hecho en China." Y como muchos sin darse cuenta, la República Popular China se convirtió en un competidor global. Asimismo, en su relato de dirigente gremialista puede apreciar como la trampa de ideas populistas, promesas transformadoras limitando la libertad, destruyen repúblicas, y parecen repetirse durante décadas.

Este libro cuenta la historia de una familia de emprendedores y migrantes. Mis abuelos, con un pasado difícil, se esfuerzan por salir adelante como muchos comerciantes artesanos. En su familia establecen conciencia social a través del trabajo, la educación y principios éticos. El libro expone el origen de este apellido Cristi en Chile, así como su descendencia irlandesa, Poett, y la conexión con Pizarro. Mi abuela compartió una receta de torta casera de milhojas con mi madre, y ahora ha sido apreciada por mi familia. El origen se remonta a 1930, de la *Fuente de Soda La Gallina en Casa Colorada, Santiago, Chile.*

Formando una conciencia social

Mi padre, Jorge Cristi Pizarro, nació en Santiago en 1935, hijo de padres chilenos con ascendencia española e irlandesa. Su padre, Luis Alberto Cristi Cerón, nació durante la Guerra Civil de 1890 en Chile. Su madre, Marina Del Carmen Pizarro, también nació en 1908 fuera del matrimonio de un padre español con apellido Codorniu y una madre de las salitreras con apellido Dubo Pizarro, ambos del norte de Chile. Mis abuelos fueron criados por sus tíos maternos después de que sus respectivas madres solteras y empobrecidas murieran jóvenes.

Mi abuelo, trabajaba en los campos de las afueras de Santiago, en las haciendas de su familia paterna europea. Mi abuela, emigró de un pueblo salitrero hacia la capital durante el final del período parlamentario de Chile. Se conocieron en Santiago durante la insurrección socialista que interrumpió la primera presidencia de Arturo Alessandri en la década de 1920, mientras el virus español se extendía por Chile. Su primera casa estaba en una calle modesta de Quinta Normal en Santiago y tenía una estufa a leña y piso de tierra.

El padre de mi papá tocaba el acordeón en los restaurantes coloniales para los aristócratas que se reunían en la Plaza de Armas de Santiago. Mi abuela, una emprendedora en ese momento, aprendió habilidades pasteleras en una fábrica de pasteles chilenos que entregaba en el centro de la capital. Juntos, luego de que la constitución inicial fuera arrastrada a una renovación a mediados de la década de 1920, emprendieron oportunidades económicas mientras la clase política coqueteaba con los conceptos utópicos que se expandían en la región.

Gracias al esfuerzo de mis abuelos, mi

padre pudo concluir sus estudios secundarios en un colegio público de una próspera comuna de la capital, Providencia. Fue llamado al servicio militar obligatorio, el cual cumplió en el Ejército de Chile, Regimiento de Infantería de los Andes. Retomó sus estudios en 1954, cuando la suerte de mi abuelo cambió después de haber ganado el premio mayor de la lotería con otros Santiaguinos.

Luego ingresó al Instituto Superior de Comercio de Santiago y, en 1956, mi padre se graduó del Instituto como contador general. Su práctica fue en la empresa petrolera nacional de Chile, COPEC. En 1957, asumió la dirección de una fábrica de camisas y jeans marca Wrangler que invirtió con mi abuelo y participo en una inversión de un criadero de aves y huevos en la comuna de La Florida. En 1958, estableció su oficina de contabilidad en el centro de Santiago. Continuó ayudando a mi abuelo en lo que ahora era la conocida Fuente de Soda llamada **"La Gallina"** a pasos de Plaza de Armas.

Mientras estudiaba en el Instituto de Comercio de Santiago, mi padre observó cómo el Partido Comunista establecido en Chile veinticinco años antes, reclutaba miembros. Los líderes de partidos vinculado a la internacional comunista, acudían al Instituto y persuadían a los estudiantes de comercio para que se unieran al Partido de la Juventud Comunista de Chile a través de incentivos para estudios y viajes al exterior. Con el entonces senador Salvador Allende como principal candidato socialista en las elecciones presidenciales de 1952 y 1958, mi padre prestó atención a las crecientes promesas populistas hechas por los políticos a las generaciones más jóvenes.

Los trabajadores de fábricas y campos comenzaron a escuchar los beneficios de una economía alternativa que ofrecería un nuevo gobierno socialista. Mi padre se resistió a los incentivos políticos después de aprender historias socialistas de mis abuelos sobre el viejo continente que condujo a la Primera Guerra Mundial y las atrocidades durante la Segunda Guerra Mundial de familias inmigrantes.

A los 25 años, Jorge Cristi Pizarro se casó por primera vez con mi madre, la joven Ana Francisca del Carmen Lake Fuenzalida de Comas Fariña. Descendiente de una numerosa familia inglés y conquistadores españoles que heredaron grandes tierras chilenas.

Mis padres encontraron una oportunidad y compraron una fuente de soda llamada El Indio cerca del histórico cerro Santa Lucía de Santiago. En el año 1960, con el hermano de mi madre, mi tío Arturo Manuel se convirtieron en propietarios de una fuente de soda y bar nocturno llamado **"Domus"**, que estaban situado en la calle Banderas. Este establecimiento bohemio, a cuadras del palacio de gobierno La Moneda, era famoso por sus innumerables historias nocturnas no contadas. Después de estar en funcionamiento durante 40 años, y testigo de crear y destruir innumerables noviazgos, el Domus night-club finalmente cerró sus puertas a principios del siglo XXI.

Mi papá fue elegido para liderar dos gremios de pequeños comerciantes en Santiago de Chile. Ocupó el cargo de presidente de los **Dueños de Fuentes de Soda en Santiago de 1958 a 1970** y dirigió la **Confederación del Comercio Detallista y la Pequeña Industria de Chile, como su presidente entre 1964 a 1970**. Con angustia, fue testigo de las maniobras de algunos políticos, responsabilizando al comercio y a los dueños de negocios por las políticas económicas fallidas del gobierno y la incapacidad para controlar la inflación. Desde 1958, se involucró en roles de liderazgo por un comercio libre, contra quienes defendían que una dictadura marxista cubana no destruiría el país.

Desde muy temprano, mi padre comprendió la importancia de un frente unido de pequeñas empresas y el hecho de que el capitalismo era una mejor alternativa que el socialismo. A principios de la década de 1970, con la llegada de una presidencia que venía reclamando una economía planificada que incluía la nacionalización de las industrias por la fuerza, mi padre se vio envuelto. Fue testigo de la destrucción de su amada República.

Fuente de Sodas La Gallina

Mis abuelos, luego de un corto período de ser gobernado por un dictador, durante el regreso de la segunda presidencia de Alessandri (1932-1938), Chile mostró algunos signos de prosperidad, y comenzaron una familia de cuatro hijos. Durante la primera presidencia de Arturo Alessandri, y la dictadura con revolución socialista que trajo milicias armadas a Santiago, mis

abuelos se encontraban trabajando en el centro de Santiago. Al fin de ese periodo se asociaron a una pequeña pastelería y empezaron a servir sándwiches de ave en una casa colonial que había albergado al primer gobierno de la República en 1810, llamada "Casa Colorada" en el centro de Santiago.

A través de ahorros, habilidades emprendedoras y determinación, mi abuela Marina no solo ayudo a su marido establecer su primer emprendimiento, pero también abrió una tienda de dulces y revistas en una de las galerías comerciales de Santiago en 1943. El tío materno de Marina cuidaba a mi padre y su hermano mayor, ya que mis abuelos salían de casa en la madrugada para tomar el tranvía hacia el centro cívico para atender sus pequeñas tiendas.

Luis Alberto Cristi Cerón comenzó a vender sándwiches de ave en la vitrina de aquella pastelería ubicada en Merced 860 durante el flujo de migración salitrera a Santiago. Se instalo un mesón en el costado de la entrada y vitrina de aquella pastelería, puso una gallina cocida en una fuente de cristal, y, con su elegante picardía de comerciante y artista, pone una cascara de limón y pluma en la cresta del futuro sándwich. De esta forma, la pastelería de Don Armando fue denominada **"Casa de La Gallina"** por los Santiaguinos que circulaban frente a la Casa Colorada y su reciente galería comercial durante casi 50 años.

En 1932, mis abuelos adquieren el derecho de su socio a la pastelería situada en la histórica Casa Colorada y la

transfor man en una fuente de soda, llamada **La** **Gallina.** Sirviendo sándwich de aves, tortas de milhojas de mi abuela, y después picarones, consomé y jugos de frutas, la clientela que pasaba por frente de la casa colorada, la convirtieron entre los primeros establecimientos de comida rápida y salón de té en los años 1940 y 1970.

Mi padre, junto con mi tío y dos tías, de apellido Cristi Pizarro trabajan en este emprendimiento, y con los años la fuente de cristal con una gallina es remplazada por su luminoso letrero blanco y rojo, La Gallina en la entrada principal de la Casa Colorada de Santiago. Mi tía, y madrina Sara Cristi años después en Estados Unidos cuenta que desde el barrio Ñuñoa llevaba las gallinas a la fuente de soda para los futuros sándwiches de aves. Marina compraba las aves en el barrio de Ñuñoa que en ese tiempo estaba lleno de parcelas. El consomé que producía, lo vendía primero en vecino de calle Talavera, y después el consomé, picarones, pasaron al menú de La Gallina. Mi tía Angélica ayudaba a su madre Marina a hornear las tortas, cuya receta de mi abuela, que mi madre Ana aprendió, la compartimos al final de este libro.

Mi padre y abuelo compraron la botillería Servi, en calle Monjitas 880, que fue posteriormente salón de té La Gallina en la esquina de Plaza de Armas. Mi abuelo fue recordado por muchos Santiaguinos de la Plaza de Armas de la época, nunca olvidó sus comienzos difíciles, y desde lustrabotas, choferes de micro, Carabineros y otros recibían los sándwiches de aves donados por La Gallina.

La clientela de la pequeña fuente de soda creció mucho y en gran parte fue por el personal de solo mujeres que trabajaron en La Gallina con mi abuelo desde 1932. Mi abuelo trabajó a diario y les enseño al personal que compartieron el servicio al cliente durante más de 40 años. Según él, el cliente siempre tiene la razón y las meseras de la fuente de soda con su uniforme blanco atendían a cada cliente como si fueran parientes queridos y con una sonrisa feliz. Con un don de bondad y generosidad que solo algunas personas adquieren, hubo entre ellas destacadas trabajadoras chilenas que siempre ofrecían a estimados clientes, hacerles un cariñito de la casa.

De una manera afectiva se recuerda a quien pasó a ser una tercera abuela, la Carmelita Cárcamos, quien fue la mesera que acompañó a La Gallina en calle Merced desde casi su inicio. Otras recordadas con afecto como Luisa, Emilia, Chela, Rita o sor Teresa la maestra como le decían y muchas más que trabajaron en ese histórico lugar.

A si es como el legado de La Gallina es recodada, después de cerrar sus puertas por fuerzas mayores a los propietarios del inmueble histórico y patrimonial en 1977. Ese año la municipalidad de Santiago, bajo control cívico-militar y con los derechos constitucionales suspendidos, hicieron cumplir leyes de expropiación en menos de una semana. El edificio histórico "Casa Colorada" en el centro cívico de Santiago, que data de la formación de la República en 1810, cerró sus puertas al comercio y comenzó un nuevo capítulo como futuro museo público. Irónicamente, esa pequeña fuente de soda llamada "La Gallina", donde aprendí conciencia trabajadora usando una escoba, y una yegua para bajar cajas de bebidas, había comenzado bajo una dictadura militar décadas antes y cerró sus puertas bajo otra.

Perdiendo libertad, memorias de nuestro viejo Chile

En octubre de 1970, el Congreso chileno aprobó reformas constitucionales y proclamaron al socialista Salvador Allende como el 27 ° presidente de la República de Chile. Cincuenta días antes, un fundador del Partido Socialista de Chile y expresidente del gremio estudiantil y colegio médico obtuvo un 36 % de los votos emitidos entre tres candidatos. Según la constitución de 1925, en ese entonces no hubo segunda vuelta entre las dos estrechas mayorías. Y por primera vez, se permitió votar a todas las personas mayores de 18 años, independientemente de su capacidad para leer y escribir. El partido autodenominado centrista, La Democracia Cristiana, creado en las elecciones anteriores, exigió acuerdos constitucionales. Cómo la libertad de expresión y mantener a los militares fuera del próximo régimen marxista-leninista para proclamar al expresidente del Senado, "El Presidente".

En el sector privado, ese noviembre Rafael Cumsille asumió la Presidencia de la **Confederación del Comercio Detallista y la Pequeña Industria de Chile**, organismo que anteriormente estuvo al frente de Jorge Cristi Pizarro durante dos mandatos (1964-1970). Esa organización privada de pequeñas empresas que Jorge ayudo a unir a lo largo de Chile había crecido a más de 80.000 miembros; representaban casi el 18 % del empleo de empresarios independientes y emprendedores que tenían poca representación política.

Chile en un país cuya población llegaba a los 10 millones. El 40 % de ese empleo privado en 1970 se concentraba en Santiago, con pequeños comercios detallista como panaderías, puestos de frutas y verduras, fuente de sodas y otros pequeños supermercados y almacenes. Era un periodo que la pobreza extrema abundaba en Santiago. Las poblaciones y llamadas callampas aumentaban desde 1968 y los partidos políticos asignaban activistas y reclutaban seguidores.

Durante la presidencia de Allende, mi padre Jorge se mantuvo en su cargo de vicepresidente de la confederación privada. Ingreso al directorio del Registro Nacional de Comercio que había impulsado a establecer para Chile (dirigido por Elias Brugere y Jorge como secretario) hasta fines de 1972; también continuó como presidente del Sindicato de Dueños de Fuentes de Soda de Santiago. En el verano de 1971, el Presidente Allende y su gabinete inicial se reunieron con los líderes de los pequeños comerciantes y la industria privada de Chile.

El proceso regulatorio de la última década, los enfoques monopólicos de las grandes empresas y el control gubernamental sobre los medios de producción fueron las preocupaciones principales de los pequeños empresarios. El Registro Nacional de Comercio, creado por la administración anterior, tenía puntos de vista significativamente diferentes al plan económico socialista que establecería el presidente Allende. Esto obligó al sector empresarial privado de Chile, que en 1970 representaba más de la mitad del empleo de Chile —desde agricultores independientes y pequeños comerciantes hasta élites profesionales— a unirse como oposición contra el egoísmo de la clase política de la época.

La Sociedad Chilena de Fomento a la Industria (SOFOFA), que había sido creada a fines del siglo XIX para fomentar la gran empresa privada chilena, necesitaba incorporar a los pequeños y medianos empresarios independientes para ser una organización no gubernamental, efectiva y oposición al plan de Allende. El nuevo presidente de la SOFOFA, Orlando Sáenz, junto a su vicepresidente, Jorge Fontaine, quien asumió la presidencia de la Confederación de Comercio y Producción (CPC), invitaron a participar a los pequeños empresarios.

Desde la elección de Allende, Jorge Cristi Pizarro tras su liderazgo en gremios desde principios de la década de 1960 era conocido como una persona confiable, capaz de unir a los pequeños empresarios de todo Chile. Después de un breve período de negociaciones con el nuevo liderazgo de la Confederación del Comercio Detallista, el directorio solicito por unanimidad que Jorge Cristi Pizarro los representara y se relacionara con los líderes de la SOFOFA.

La dirección de la SOFOFA y otros sindicalistas privados crearon un comité ad hoc que, a principios de 1971, pasó a denominarse **Frente Nacional de la Actividad Privada**. Al Frente se sumaron Jorge Martínez, en representación de la Cámara Central de Comercio, y Luis Sanzi, presidente de la Asociación de Artesanos y Pequeños Empresarios, a la que se le había otorgado nominación presidencial y parlamentaria en octubre de 1970.

El sector del transporte camionero, encabezado por León Villarín, se unió a este comité ad hoc luego de que su asociación lo aprobara en mayo de 1971. Otros líderes activistas se unieron al comité para compartir información de oposición de los comandos que se habían establecido para traer una economía marxista-leninista a Chile.

Frente Nacional de La Actividad Privada

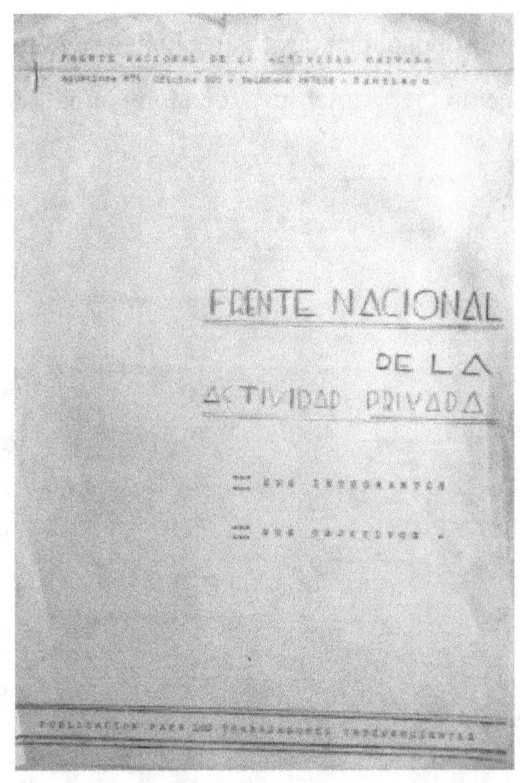

En 1972, El Frente Nacional de La Actividad Privada se convirtió en un lobby político influyente y un canal de comunicación privado para un régimen que no perdió tiempo para llevar al país a un curso de dictadura comunista.

El Frente representaba un tercio de la mano de obra privada de Chile, más de 600,000 empresarios y grandes empresarios, todos ellos opuestos al establecimiento de una economía socialista planificada, como la de Cuba; *Las advertencias que Jorge Cristi Pizarro, junto con otros acerca del comunismo recibidas a comienzos de la década de 1960 eran ahora una realidad desafortunada.* La oposición a una dictadura comunista se organizó rápidamente, y algunas de las actividades coordinadas incluyeron marchas en las calles, cacerolazos y, con la ayuda de Jorge Cristi, ese noviembre de 1971 comenzaron cierres del comercio como los que él había liderado en el Teatro Caupolicán en 1965.

Dentro del primer año de la presidencia socialista, Allende prometió disolver el Congreso tal como existía y crear una nueva cámara unicameral. Al celebrar el primer aniversario de la presidencia de Allende, el dictador cubano Fidel Castro llegó a Chile y pasó tres semanas sembrando el odio y la discordia entre chilenos.

Llamó a la revolución armada entre los ciudadanos, lo que llevó a una división más profunda. Los que estaban de acuerdo con el gobierno fueron etiquetados como revolucionarios, mientras que los que se opusieron fueron llamados reaccionarios. El país se vio obligado a avanzar hacia una sociedad socialista marxista sin ningún margen para el compromiso, era todo o nada.

Allende, un político astuto, comenzó a eludir las garantías constitucionales que había aceptado previamente. Se iniciaron reformas y, si el Congreso no estaba de acuerdo, amenazó con convocar un plebiscito constitucional. Ajustó las reglas del juego político y el cambio de puestos a ministros acusados por el Congreso. Había llegado a la presidencia después de muchos años de experiencia en la política chilena.

Salvador Allende viajó al extranjero, pronunció discursos denunciando a los Estados Unidos capitalistas y estableciendo conexiones con líderes marxistas de todo el mundo. Cuando llegó a la presidencia, a los 63 años, había establecido una conexión marxista que iba más allá de América Latina; incluía las ex repúblicas de la Unión Soviética y Asia.

En los meses iniciales de su mandato, Allende ejerció una actitud agresiva hacia una economía socialista e incitó a la sociedad a desafiar el statu quo y culpaba a la clase burguesa que él pertenencia. En un momento de desarrollo de la patria, en el que el 10 % de los chilenos eran analfabetos y con escasas escuelas de calidad para la mayoría de la población, fue sencillo manipular a gran parte de un millón de chilenos que votó por Allende.

El enfoque de Allende para eliminar la competencia alimentaria implicó hacer cumplir regulaciones como la venta de un solo tipo de pan y nacionalizar las fábricas anticipadas de comestibles. Además, comenzó la transición hacia una economía de un solo producto y servicio, comenzando con la nacionalización de los productos caseros y los artículos de baño. En última instancia, el modelo socialista progresista implicó la eliminación de casi todas las empresas privadas y transfirió la propiedad al gobierno.

Mi padre recuerda que los comienzos de 1970 fueron difíciles para los pequeños comerciantes y emprendedores. Las tasas de inflación superaron el 200□% en 1972 y se dispararon a más del 500□% al año siguiente. Allende afirmaba que la nueva batalla de la producción vencía al capitalismo y daba por terminada los latifundios, la banca y los monopolios privados. El 21 de mayo de 1972, a pocas cuadras del congreso mientras él Presidente hablaba maravillas, las calles estaban sumidas en el caos, con propiedades quemadas y confiscadas, suministros escasos y la sociedad dividida.

Jorge Cristi Pizarro recuerda reuniones tardías del Frente Nacional y otros líderes del grupo. El objetivo principal era compartir información sobre actividades represivas y silenciadores realizadas por organizaciones comunistas locales y extranjeras. Las reuniones se volvieron potencialmente mortales, ya que la violencia en las calles estaba fuera de control, y muchos leales al gobierno fueron armados y entrenados por milicias extranjeras para asesinar a disidentes civiles del régimen marxista.

En las reuniones con mi padre participaron representantes de asociaciones privadas, líderes estudiantiles como Jaime Guzmán, quien luego se convirtió en senador y fue asesinado por militantes comunistas. Otros líderes como Darío Vial, representante de la Cámara Central de Comercio de Santiago, Elías Brugere, miembro del registro nacional de comercio, León Villarín (transporte), medios privados, agricultores, entre otros participaban en reuniones. También asistieron representantes de la embajada de Estados Unidos en Santiago y se intercambió información.

El gobierno no tuvo problemas para manipular las masas y mantenerlas de su lado. Se entregaron bonos de dinero y botellas de leche y alimentos básicos gratis para mantener contenta a las nuevas poblaciones que ahora se sentían representadas. Los salarios se incrementaron a pesar de que numerosas personas no estaban trabajando. Los ingresos de la nación fueron transferidos de una clase privada y privilegiada a la nueva élite prepotente y acomodada con el poder absoluto. Se tomaron terrenos de los agricultores y se dividieron entre trabajadores y activistas políticos.

Allende comenzó a aceptar crédito tanto de las ex repúblicas de la Unión Soviética como de organizaciones internacionales. Su objetivo era aumentar la mano de obra y los salarios en las empresas recién nacionalizadas, pese a que la producción había disminuido. Se suponía que los nuevos propietarios de las fábricas serían los trabajadores de las diversas industrias expropiadas, como acero, textiles, calzado, maquinaria y otras. Sin embargo, los dueños nombrados estaban afiliados al partido de gobierno y carecían de habilidades de gestión y objetividad.

Las ganancias de las industrias robadas desaparecieron rápidamente, revelando el fracaso del modelo económico socialista de Allende. Como resultado, la deuda nacional aumentó y la impresión de moneda provocó un aumento de la inflación, lo que provocó que la moneda local perdiera su valor.

El Escudo establecido por el presidente Alessandri cerca de una década antes, en 1959, estaba en caída libre, y cada vez era más difícil comerciar en los mercados extranjeros; el dólar estadounidense comenzó a circular en el mercado negro, junto con otros bienes de primera necesidad. Nuestra querida República, ya estaba destruida a fines de 1972.

Manipulando el abastecimiento de alimentos con el susto

El año tan esperado de la visión perfecta, 2020, y los meses anteriores y posteriores, pasaron como un tornado con el drama del miedo. La historia establecerá esa pequeña ventana como uno de los retos más relevantes para las Repúblicas democráticas. Lo que ocurrió en mi país natal hace 50 años y aquí, en mi tierra acogedora, muestran similitudes en la forma en que fuerzas totalitarias y destructivas llegan a destruir una república.

A principios de la primavera, con la propagación del nuevo virus de China, hice fila aquí en un barrio cerca de la Casa Blanca durante lo que pareció una hora para comprar leche. Recordé mi juventud bajo un gobierno socialista, cuando mi querida y recordada madre, Ana, me decía que hiciera fila para comprar leche en polvo. Mientras tanto, ella esperaría en otra tienda por café y, si tenía suerte, encontraría una docena de huevos a la venta.

Ansioso seguía otras dos semanas para aplanar la curva de la tasa de infección para que las tiendas reabrieran y volviéramos a la normalidad. Ya llevábamos dos meses con todo cerrado, con miedo y preocupados quién sería el próximo y si hubiese suficientes camas para nuestros familiares. Empezaron a llegar cheques del gobierno a la casa, todos callados, sin salir, esperando el turno para ir a comprar lo que el gobierno permitía adquirir. Padres e hijos fueron hospitalizados sin poder verse y tocar la mano. Increíble, que en los Estados Unidos había llegado el poder absoluto, todos sumisos a la orden del día, parecido como recuerdo que todo empezó en mi país natal cinco décadas antes.

Recordé las repisas vacías en los almacenes, inquietud si cuando entráramos, encontraríamos lo que necesitamos, o cuando avisaban que había llegado el confort, a uno lo mandaban rápido hacer fila para ver si podíamos comprar nuestra ración.

Los acontecimientos fueron distintos, pero no la táctica de hacer drama con miedo y pánico, o como reaccionamos frente a una posibilidad del fallido en el suministro de alimentos. Eso pasa a menudo, particularmente aquí, en ciudades alrededor de Washington DC. Solo es necesario la noticia de una tormenta para que el pan y leche se acabe en casi todos los supermercados.

Tal como comento un embajador aquí años atrás que para paralizar la capital de los Estados Unidos no era necesaria la amenaza táctica, solo basta una leve tormenta de nieve, y la ciudad se paraliza. El control de suministro de alimentos y comestibles, junto con fomentar miedo y pánico a la ciudadanía, es una práctica de sumisión antigua que saben utilizar políticos y activistas que fomentan revoluciones o ideología odiosas. Algo que en Chile fue fácil de implementar.

Exactamente 50 años antes, en abril de 1972, el presidente Allende implementó el anticipado sistema marxista cubano de abastecimiento de alimentos, que proporcionaba una canasta básica de alimentos a cada familia según sus necesidades. Ya se había logrado el control de fábricas de alimentos básicos, y los campos de cultivo y ganado de Chile, entregado a la sociedad socialista progresista, o simplemente, comunista. Y tal como recuerda mi padre en el documento cubano que se le había entregado a él en la década anterior, solamente aquellos comerciantes y distribuidores afiliados al partido político del gobierno actual eran los encargados de abastecer y distribuir los bienes de primera necesidad.

Durante la campaña presidencial de 1964, mi padre recuerda una reunión con el Sr. Ángel Botto, gerente de la Cámara de Comercio de Valparaíso, y otros líderes. Esta reunión abordó temas que afectaban a los propietarios de pequeños comercios, como el control de precios y la Ley de Delitos Económicos, que imponía multas a los propietarios de negocios.

En esa reunión de Valparaíso, en su rol sindical, él fue informado por primera vez del grave riesgo político que se avecinaba para el país. Mi padre recuerda que Angel Botto, un abogado y profesor de derecho de la Universidad Católica de Valparaíso, y conocido miembro del partido radical en ese momento, le entregó un informe que detallaba que algunos partidos políticos chilenos de la época estaban recibiendo instrucciones directas de Cuba, sobre las metas y políticas que debían fijarse para el furo gobierno de Chile. Este informe, impulsó a mi padre a recorrer Chile durante los años 1964-1970, junto con otros emprendedores, a unirse en un gremio fuerte ante el tumulto monopolístico que se avecinaba.

Ese informe elaborado en Cuba incluía una economía planificada de base comunista y la descripción de la **"Junta de Abastecimiento y Precio" (JAP),** que detallaba el futuro sistema de abastecimiento y distribución de productos de primera necesidad establecido en Chile, similar al que ya existía. en Cuba, en particular, el documento indicaba que para convertirse en comerciante o tener derecho a abastecerse de productos, había que pertenecer al partido político en el poder.

La responsabilidad de este nuevo sistema JAP en 1972 pasó a ser parte de una agencia gubernamental creada bajo el predecesor de Allende en 1960, la Secretaría de Distribución y Comercio (DIRINCO). Al frente de la organización DIRINCO allá por 1968 estaba el antiguo colega de Jorge en el Instituto de Comercio, Jorge Awad, quien luego estaría al frente de las Líneas Aéreas Nacionales de Chile (LAN).

Para implementar el plan comunista, contrario a la reforma constitucional que había acordado, Allende colocó asesores cubanos y tres generales militares recientemente nombrados del gabinete para supervisar el programa de distribución de alimentos. El manifiesto marxista de utilizar el abastecimiento y la distribución de alimentos como arma política, tal como había ocurrido en el viejo continente 50 años antes y causado la muerte de millones de personas, estaba ahora en pleno apogeo en Chile. Este cambio encendió a muchos ciudadanos particulares a defender la libertad económica en la República.

Por decreto supremo existente desde 1940, se autorizó al subsecretario de guerra a hacer cumplir las medidas de seguridad interior. El presidente Allende, el ministro de Defensa José Toha y el ministro del Interior Hernán Riquelme confirmaron los cuarteles para proteger la seguridad interna del país mediante el decreto 245 en junio de 1972. Gobernar por decreto se convirtió en una medida estándar durante el régimen marxista. Allende, político activo durante décadas y expresidente del Senado, supo manipular leyes en favor de un poder con prepotencia absoluta.

No solo los pequeños comerciantes independientes y los líderes de la industria, sino también los agricultores, camioneros, dueños de fábricas y otros estaban preocupados por los derechos civiles y constitucionales y la democracia. A los pequeños agricultores se les estaba robando el ganado, y sus pequeñas parcelas, de las que habían sido dueños durante generaciones, se convirtieron en propiedad controlada por el gobierno.

Los propietarios de pequeñas empresas fueron acosados por los inspectores de salud pública y obligados a cerrar, y algunos robaron o quemaron sus tiendas. El caos total se había apoderado de la República. Como la clase política no podía o no quería llegar a un consenso, se solicitó una audiencia con el jefe de la oficina del "Jefe de Plaza" de Santiago en el invierno de 1972.

En este punto, Jorge Cristi y otros empresarios **se reunieron con el General Pinochet,** entonces jefe de Plaza de Santiago designado durante la presidencia de Allende. El pedido de los comerciantes de realizar una marcha pacífica para protestar por la falta de seguridad, la toma y destrucción de locales en Santiago fue rotundamente rechazada por Pinochet, quien afirmó que estaba saturado de problemas ese invierno y no quería que otra manifestación del Comercio de Santiago se sumará a esos problemas esa primavera. El desorden continuó en Santiago y el régimen de Allende ordenó el toque de queda.

Un año antes de encabezar el golpe militar, el general Pinochet mostró su mano dura, cartas apolíticas, falta de visión para negocios y su tradición prusiana a ese pequeño grupo; su única preocupación era mantener el orden y el civismo con fuerza y complacer a su jefe, El Presidente.

Sumisión política

En 2019, la economía de EE. UU. continuaba prosperando, mientras que China y Rusia estaban preocupados por las políticas de Estado que se habían tomado. Los años siguientes, mientras algunos estaban con mascarillas, encerrados y con miedo si hubiera cupo o llegarían a la última cama en algún hospital, voces y gritos aumentaron, haciendo imposible escucharse. Algunos fueron silenciados y sus opiniones fueron castigadas.

En el 2020 las iglesias cerraron, muchas voluntariamente y otras se debatirá por años en la constitucionalidad y separación de instituciones religiosas. Fue algo que nunca había ocurrido en Estados Unidos, menos en un periodo de elecciones presidenciales, una república que ya llevaba 247 años y con tragedias y sustos peores. Meses después, en febrero, 2021, el Capitolio fue rodeado con vehículos blindados y soldados armados por más de un año. Las tres ramas de poder cercaron sus entornos con rejas y alambres de púas y los militares armados aumentaron hasta el principio del año 2022. Entonces tampoco fue difícil recodar mi querida patria, 50 años antes y como llegamos, tal como me ayudo a recordar mi padre cuando recorrimos el norte de Chile en el 2019.

En 1972, el gobierno socialista del presidente Allende estableció una orden por violaciones de seguridad y pidió el arresto de los líderes participantes del comercio y el transporte, y de cualquier persona que se opusiera al gobierno marxista. El descontento, el odio y la desconfianza en la sociedad era evidente; se logró la división de clases políticas.

Ese invierno, después de la muerte de mi abuelo meses antes, recuerdo ir a su negocio de sándwiches con más frecuencia, ya que la agitación en las calles obligó al cierre de los colegios y las pocas universidades que existían en ese momento. Empecé a observar pequeños detalles que no se harían evidentes hasta décadas después. ¿Me preguntaría por qué los inspectores de salud del gobierno venían a la pequeña Fuente de Soda, muchas veces con sus amantes y comían gratis? Y si eso no fuera suficiente, saldrían del local con hermosas bandejas de pasteles y sándwiches envueltos en papel, supuestamente para buscar bacterias en los laboratorios de inspección del Ministerio de Salud. Me dijeron que me callara, esos burócratas del gobierno tienen el poder de cerrar el boliche de tu abuelo. No fue sino hasta 2020 cuando muchas tiendas al rededor del mundo se vieron obligados a cerrar. En algunas ciudades liberales, se podía comprar harina, pero no un rastrillo. Se cerraron también las farmacias, pero no las tiendas de marihuana aquí en EE. UU. En mi tierra natal, los inspectores de salud entraron a residencias privadas por si había visitantes, y las casas no cumplían con la distancia social. En ese momento, se hizo evidente cuál frágil eran las palabras de **Abraham Lincoln: "gobierno del pueblo, por el pueblo, para el pueblo"**.

En la Confederación de Pequeñas Industrias y Comerciantes de Chile, mi papá, junto a otros recordados como Rafael Cumsille, Carlos Castillo, Francisco Nicolini, Jaime Guzmán y León Villarín, estaban en la lista de los que debería ser apresados por el gobierno de Allende. La mayoría de los dirigentes del sector se presentaron en octubre de 1972 a la corte suprema para ser detenidos voluntariamente, excepto Jorge Cristi, a quien el sindicato le pidió que mantuviera la protesta de las detenciones durante la primavera de 1972, ya que era muy conocido y tenía apoyo en todo el país. Es en ese momento que, a través de abogados, se ofrecieron a interponer recursos de inconstitucionalidad ante los tribunales por la libertad de los líderes activistas de la pequeña empresa que habían sido detenidos.

Una tarde, a principios de la primavera chilena de 1972, nos dijeron a mi hermano mayor, ya mí, que nuestro padre no volvería a casa por semanas. Se suponía que debíamos decir que estaba de viaje de negocios. No era inusual ver a nuestro padre viajando y en la televisión o en la radio denunciando las acciones del gobierno socialista hacia el libre comercio. Sabíamos que estaba siendo perseguido, y caminar por las calles era incómodo para mi madre Ana y para nosotros. El simple hecho de andar en bicicleta marca Cic o usar una camiseta deportiva de marca en la década de 1970 se convirtió en un objetivo de enfrentamiento por pertenecer a una clase social diferente.

Una noche, tres funcionarios de la guardia privada de la presidencia de Allende entraron a nuestra casa sin mucho dramatismo. Después de inspeccionar debajo de nuestras camas y nuestro pequeño closet, y asegurarse de que la almohada que yo estaba abrazando no era mi papá, se fueron decepcionados porque un cuñado de él, mi tío Humberto, un funcionario de investigaciones nos había avisado que vendrían esa noche. Estas eran las condiciones a principios de la década de 1970 para los disidentes que se negaron a someterse a un régimen socialista.

En octubre de 1972, mi papá, Jorge Cristi Pizarro, terminó su persecución política como propietario de un pequeño negocio y opositor al gobierno socialista. Optó por entregarse a la corte constitucional y se acordó que fuera encarcelado en Santiago. Esto se produjo después de que enfrentara una persecución que amenazaba su vida por parte de las fuerzas de seguridad y armada del gobierno socialista del presidente Salvador Allende. Como preso político, Jorge Cristi estuvo dos días recluido en la cárcel pública del río Mapocho.

Dado que fue arrestado por causas políticas unos meses antes. La información que recibió de un familiar, sus amigos comerciales y el concurrido bar nocturno del que era copropietario, situado a unos metros del edificio presidencial. A finales de 1972, supo que el gobierno de Allende lo consideraba una amenaza política, forzando a Jorge Cristi Pizarro, junto con mi tío Manuel, a visitar oportunidades de negocios en Venezuela, Costa Rica y Estados Unidos.

En noviembre de 1972, el presidente Allende instituyó un régimen cívico-militar e intensificó el llamado a la revolución entre los ciudadanos para crear una dictadura marxista-leninista, como en Cuba. Contrariamente a la garantía constitucional acordada con el Congreso en 1970, generales militares fueron incorporados al gobierno; Los nuevos ministros de Minería, Obras Públicas, Transporte e Interior y Seguridad se sumaron al gabinete de Allende en La Moneda.

Las cosas empeoraron a principios de 1973 para el comercio, las dueñas de casa, y el transporte, los ciudadanos convocaron a protestas en todo Chile. El transporte se paralizó y el pequeño comercio detallista se vio obligado a cerrar por falta de alimentos, violencia en las calles, y como medida de protesta. Los estantes de las tiendas estaban vacíos (excepto los centros de abastecimientos controlados por el Partido Comunista), los colegios cerraban regularmente y los niños participaban en marchas y protestas; el odio rugía vívidamente en las calles.

Algunos políticos, los del Congreso y el gobierno, junto con sus patrocinadores, mientras enriquecían sus bolsillos lograron la división ideológica total y el odio entre los ciudadanos. Los líderes sindicales y otros que se oponían a someterse a un régimen socialista comenzaron a ser detenidos por las fuerzas leales a Allende.

Semanas antes de que los militares tomaran el gobierno por la fuerza, ese 22 de agosto de 1973, el Congreso acusó al gobierno de Salvador Allende violar normas constitucionales que le habían otorgado la presidencia. Las violaciones de arrestos políticos, flagelaciones y torturas, la sistemática confiscación de propiedad privada y el uso de las instituciones de fuerza y orden para implementar el marxismo no fueron suficientes para destituirlo del poder, ya que la oposición no tenía dos tercios de mayoría en el Congreso. Tras perder apoyo político, Allende anunció un nuevo referéndum para implementar una nueva constitución marxista.

Mientras mi padre estaba en el exilio del régimen comunista ya establecido, yo estaba decidido como adolescente a no someterme a una ideología que estaba sembrando el odio y llamaba a renunciar a nuestra pequeña casa, un negocio de sándwiches de ave, y finalmente tomar las armas contra vecinos como exigió el presidente socialista Salvador Allende.

Algunos colegios habían cerrado por los intensos rumores desde que los políticos llamaron a los militares a pronunciarse y el largo feriado debido a las fiestas patrias que se aproximaban. Queríamos saber si las empanadas se iban a hacer con carne alternativa, porque en nuestro país rico de recursos agrícolas, decían que en las fondas tradicionales no habría empanadas de vacuno. Ya sabíamos que los países de la antigua Unión Soviética enviaban a través de las Naciones Unidas carne y frutas preenvasadas a Chile, una novedad en comer duraznos gratis en un frasco y una forma innovadora de adoctrinar a los niños que el régimen comunista alimenta a la población.

Ese martes 11 de septiembre de 1973 no fue una gran sorpresa para quienes estaban en Chile en ese momento. El odio entre clases sociales que ya se estaba sembrando a más de una década estaba con la mecha encendida. Corrían rumores entre los jóvenes de que algo iba a pasar; habíamos llegado a un punto sin retorno, y los niños hablaban de que en unos días se avecinaba una catástrofe.

Por años escucharon a Allende llamar a una revolución armada para crear una nueva sociedad, y eso solo significada sumisión o defender la libertad. Bolitas de acero para hondas y clavos llamados miguelitos se intercambiaron como la última arma casera. Como si esas fantasías fueran a igualar a los revolucionarios armados desde Cuba y la Unión Soviética, quienes fomentaban el comunismo. Las inquietudes eran que se ocurriera otra guerra civil chilena, como la que experimentaron nuestros abuelos, y tristemente ocasionado por la codicia de políticos hambrientos de aferrarse al poder absoluto.

PARTE DOS

El comienzo, caminando hacia un socialismo progresista

Así recordamos el Chile entre 1940-1960

A fines de 1940, los viajes en tren facilitaron la migración hacia la capital. Un tercio de la población de Santiago estaba compuesto por inmigrantes de todo Chile y del extranjero. Con la reconstrucción de Europa, varias economías en todo el mundo comenzaron a prosperar. Chile fue uno de ellos, ayudado por las demandas de carbón y cobre de las economías occidentales.

Este es el período en que Europa comenzó a dividirse, las ideas leninistas comenzaron a extenderse por los continentes y actuaron violentamente contra el capitalismo. Europeos, asiáticos, judíos y árabes emigraron a Chile, un país que se mostró alejado de las utópicas ideologías destructivas. El presidente Aguirre Cerda, y luego Ríos, ayudaron a muchos inmigrantes a llegar a Chile hacia el final de la guerra. Los españoles elegidos selectivamente por el entonces diplomático Pablo Neruda llegaron a Chile y fueron recibidos con los brazos abiertos. Trajeron nuevas habilidades y muchos de ellos comenzaron nuevas pequeñas empresas y fábricas en todo Chile. Algunas de las colonias de inmigrantes fundaron (y financiaron) clubes de fútbol.

Los propietarios de pequeñas empresas, muchos de ellos inmigrantes de segunda generación de diferentes culturas, confiaron en las habilidades de sus antepasados y comenzaron a ganarse la vida en Chile. Italianos, franceses, alemanes, árabes, turcos y judíos se asentaron en distintos barrios de Santiago y de todo Chile. Comenzaron pequeñas ferreterías, restaurantes y otros servicios de alimentos, reparación de calzado, venta de textiles y productos farmacéuticos. Prosperaron, se sintieron bienvenidos y asimilados a una nueva sociedad.

El presidente Gabriel González Videla había formado una coalición con los partidos socialista y comunista y ganó en 1946. Unos años más tarde, luego de que los mineros del carbón amenazaran con ir a la huelga, despidió a los miembros comunistas de su gabinete y expulsó al Partido Comunista del proceso electoral en Chile a través de una nueva ley (Ley Maldita). A fines de 1952, el general Ibáñez, un dictador socialista del pasado, ganó las elecciones, esta vez con la ayuda de las mujeres, a quienes se les permitió votar por primera vez. Abolió la prohibición del Partido Comunista en las futuras elecciones.

Con la desaceleración de la economía durante el comienzo de la Guerra Fría, Santiago continuó experimentando la migración, ahora desde los campos del sur, y duplicó su población, que ahora superó los dos millones. Algunos en la sociedad comenzaron a prosperar y la división entre pobres y prósperos se hizo más grande. Era común ver niños durmiendo en las calles y pidiendo un pedazo de pan. Durante el día, esos mismos niños lustraban zapatos para la clase privilegiada de Santiago.

El empleo estatal comenzó a aumentar, al igual que los sindicatos de la clase obrera. Líderes activistas como Clotario Blest, cuyo lema era "solo los trabajadores establecen las reglas", lograron lanzar un sindicato nacional de trabajadores en 1956, la Central Única de Trabajadores (CUT). La codicia por el poder parecía ir más allá entre clases, ya no solo los ricos empresarios controlaban la política y el control del dinero. Pertenecer a grupos y organizaciones parecía ayudar a modificar el perfil del poder en Chile. Organizaciones como la masonería, donde desde Arturo Alessandri hasta la presidencia de González-Videla, parecían ser requisitos para los que deseaban ascender al poder. Con el Vaticano nombrando al primer cardenal chileno, la iglesia católica amplió sus esfuerzos sociales y de caridad. Parecía que todos estaban contribuyendo a una sociedad mejor.

A medida que una serie de instituciones públicas y privadas comenzaron a surgir y atraer seguidores, comenzaron a formalizar su estatus. Estos incluían

Sindicatos, Cámaras, Confederación, Central y Federación, como algunas de las principales asociaciones que agrupaban empresas privadas en todo Chile. Equilibraron las voces políticas que se organizaron bajo las banderas de Partidos, Movimientos y Frentes que habían cobrado impulso en la década de 1950.

Los diferentes sindicatos privados de la época tenían los mismos objetivos de prosperidad y desafíos compartidos con empresas monopólicas más grandes, ya que el gobierno comenzó a restringir el comercio interno y la clase política se benefició de esas divisiones. La madre de Jorge le había dado las habilidades necesarias a una edad temprana para ser empresario y tener la confianza para comenzar una carrera empresarial.

Santiago vivía un auge de lugares para comer, beber y entretenerse. Con el código laboral establecido una década antes, el gobierno comenzó a regular las empresas establecidas con diferentes tipos de licencias, permisos e inspecciones. Nuevos productos y tiendas comenzaron a florecer en la capital. Las mujeres en Chile cambiaron su estilo de vida colonial y se unieron a trabajar en la capital; los almuerzos y la comida casera se hicieron menos seguidos, dando el auge de almorzar afuera.

Sindicato de Dueños de Fuentes de Soda de Santiago (1958-1972)

La Fuente de Soda La Gallina fue una de las primeras fuentes de soda establecidas en Santiago y fue muy popular durante décadas cuando otros establecimientos para comida rápida se establecieron. Los permisos sanitarios para la venta de sándwiches y jugos comenzaron a ser obligatorios en locales comerciales luego de las epidemias de cólera y gripe española a principios del siglo XX.

Un permiso para "fuente de soda", a diferencia de un restaurante que requería un permiso para "cocinar" o una patente para servir vino/licor, era más barato y rápido de obtener para un pequeño empresario. Los "café" de la época no servían comida ni preparaban bocadillos y sus permisos estaban regulados como negocios de "entretenimiento".

El comercio informal comenzó a descontrolarse en las calles de Santiago a mediados de la década de 1950. No estaban regulados y atraían vandalismo, problemas de salud y pequeños robos. Los pequeños comerciantes de Santiago, que ya estaban luchando con la creciente burocracia de los gastos de patentes y permisos, comenzaron a verse afectados por el comercio ilegal.

Varios propietarios de pequeñas tiendas contrataron a Jorge para sus contabilidades, satisfacer la demanda fiscal que crecía, junto con la burocracia gubernamental. A los 24 años, mi padre cuenta que tenía cerca de ochenta clientes de diferentes sectores empresariales de la capital, muchos de ellos inmigrantes. Disfrutaron trabajar con él. A pedido de mi abuela, mi padre desde joven ayudó a mi abuelo mantener los libros de la fuente de soda. También ayudó mi abuela en varios emprendimientos pequeños y vendió de puerta en puerta el consomé de pollo que guardaba de los cocidos caseros para el negocio "La Gallina". Jorge también aprendió de su padre en ayudar a los más necesitados y con situación de calles y tratar a todos por igual, sin importar el estatus social y el origen étnico.

Mi padre fue testigo del aumento de la tarifa de bus de 1957 y la protesta que estalló violentamente en las calles de Santiago. Una trabajadora de la tienda perdió las piernas atropelladas por un tranvía eléctrico, algo devastador para la familia en un momento en que no existía compensación para trabajadores. Hubo aumentos diarios en los precios al consumidor en 1958 y tácticas astutas por parte de los políticos, quienes comenzaron a culpar a los dueños de negocios por la inflación del país. Jorge entendió bien las ideologías destructivas que separaban a los hombres de Dios y culpaban al capitalismo como la causa de la pobreza. Había aprendido a una edad temprana que los verdaderos problemas eran el gasto excesivo del gobierno, la sobreimpresión de moneda y la división de la sociedad entre el villano y las víctimas durante los períodos electorales.

Jorge comenzó a alzar la voz y compartir con sus clientes que las malas políticas económicas no eran causadas por los pequeños emprendedores como culpaban los políticos. Fue entonces cuando su padre miembro y fundador de un Sindicato, junto con dos mujeres activas y pequeñas emprendedoras, Inés Pérez y Concepción Serrano, quienes también tenían puestos de fuente de Sodas, cerca de la Estación Central, animaron al joven Jorge a involucrarse.

El Sindicato, que se había iniciado años antes, estaba entonces encabezado por el señor Santos Vila Aguirre, dueño de un puesto de empanadas en el Portal Fernández Concha. Designaron al joven **Jorge Cristi Pizarro** como presidente del **Sindicato de Dueños de Fuentes de Soda de Santiago en 1958,** cargo que ocupó hasta 1972.

En la década de 1960, el recién casado Jorge inició algunas nuevas empresas comerciales. Viajó y, como muchos otros pequeños empresarios, se preocupó por el bloque comunista destructivo que se expandía en la región y ahora llamaba a una revolución armada que llevaría al país hacia una dictadura marxista. Las dificultades económicas que comenzaron a afectar a Chile durante los períodos presidenciales de Alessandri (1958 - 1964) y Frei Montalva (1964 - 1970) comenzaron a afectar al sector detallista, que era el sustento de muchos chilenos, que llegaba a una población de siete millones en 1962.

El populismo comenzó a penetrar en la sociedad y los partidos políticos de izquierda, motivados por la revolución del Che Guevara, comenzaron a atraer a las generaciones más jóvenes, así como a los trabajadores de las fábricas y campos. Como resultado, la sociedad comenzó a dividirse y la clase política comenzó a culpar a los pequeños empresarios de todo Chile por los precios al consumidor más altos. Eran un blanco fácil para una clase política astuta formada en el extranjero y ambiciosos monopolios privados que surgieron durante la segunda mitad del siglo XX.

Como líder sindical de un sector de rápido crecimiento de propietarios de negocios independientes de comida rápida en Santiago, mi padre participó en varias reuniones con otros líderes sindicales empresariales más importantes. A Jorge le beneficio que la sede del Sindicato que él dirigía estuviera en el mismo edificio donde vivía entonces el presidente de Chile, Jorge Alessandri. La visita a Chile del presidente estadounidense Eisenhower en 1960 dio esperanzas de que el comunismo no prevalecería en Chile, algo alejado de la realidad, pues el dictador cubano Fidel Castro vendría a Chile una década después.

Confederación de Comercio Detallista de Chile 1964 a 1970

A principios de la década de 1960 comenzaron a llegar televisores a Chile, y el país se preparaba para albergar la Copa del Mundo de 1962. Chile experimentó dos desastres naturales devastadores: el terremoto de 1960 y la erupción de un volcán en 1963. Estos dos eventos causaron una demanda financiera inesperada justo en el momento en que la Guerra Fría se recrudecía con la crisis de los misiles en Cuba y la revolución del Che Guevara comenzaba a extenderse por el continente.

El descontento y la división política comenzaron a intensificarse. Paralelamente a la implementación de la Alianza para el Progreso del presidente Kennedy, en 1966-1967, la iglesia católica comenzó a distribuir tierras de campos heredadas de la época colonial. El camino hacia el socialismo avanzó rápidamente durante la recién creada administración del Partido centrista, democratacristianos, Frei Montalva.

Mi padre recuerda que la pequeña granja de aves y huevos en la que su padre había invertido para mantener su Fuente de Soda de sándwiches en expansión comenzó a verse afectada por las reformas agrarias gubernamentales en la presidencia de Frei Montalva. Comenzaron a confiscarse pequeñas parcelas y, ante la falta de recursos fiscales, el gobierno amplió los plazos de devolución de dinero y miles de familias se vieron afectadas. Los precios de las tierras agrícolas se desplomaron y la familia perdió el capital que había invertido inicialmente.

Este fue el período en que el Sindicato de pequeños e influyentes empresarios de Santiago tenía una oficina de prestigio adquirida con fondos donados por los miembros fundadores, Jorge comenzó a participar con otros empresarios, mujeres y hombres, con el deseo de unir al pequeño comercio detallista en todo Chile para ayudarla a mantenerse libre e independiente, protegerse de las prácticas monopólicas y tener una mayor voz frente a lo que se avecinaba.

Como empresario y líder sindical, activista, Jorge interactuó con todos, incluida la Cámara de Comercio Detallista de Santiago, que representaba a otros propietarios de negocios independientes y de distribución de alimentos, y que en ese momento estaba dirigida por Fernando Hidalgo. Otro grupo influyente fue la Cámara Central de Comercio de Santiago. No solo reunían las tiendas detallistas más grandes de Santiago, sino que también tenían la capacidad de comprar productos de consumo a precios de mayorista. Esta Cámara tenía una voz política influyente, ya que el Congreso le había otorgado el derecho de controlar el historial de crédito privado de los comerciantes.

Durante la presidencia de Alessandri, **se fundó la Confederación del Comercio Detallista y la Pequeña Industria de Chile –12 de junio de 1938—** en la principal ciudad portuaria de Valparaíso. Valparaíso jugó un papel importante en el comercio marítimo y en el aprovisionamiento de víveres que se distribuían a la Capital. Aunque la Confederación se había establecido antes, había una falta de unidad entre los sectores de liderazgo y estaba inactiva. Solo después de décadas se logró esa unidad. Los diferentes intereses regionales en todo Chile tenían varios problemas en conflicto que debían resolverse primero.

Las luchas entre las "pequeñas" y "medianas" empresas, las diferentes etnias de las familias migrantes que se habían asentado y la división entre clases socioeconómicas dificultaron mucho un frente

empresarial unido en Chile. Gremios separados a través de sectores y provincias hacían difícil actuar en unidad. Como resultado de los esfuerzos de varios pequeños comerciantes que vieron más allá de sus propias necesidades e intereses, finalmente se fundó una única Confederación unida en todo Chile, la **Confederación del Comercio Detallista y la Pequeña Industria de Chile** con sede en la capital de Santiago. Nombraron a **Jorge Cristi Pizarro como su presidente** por dos mandatos entre 1964 y 1970.

Viajar por Chile y países vecinos ayudó a mi padre a conocer gente nueva y hacer grandes amigos, todos comerciantes. Viajó conmigo y mi hermano mayor mientras mamá cuidaba al tercer hijo recién nacido, Rodrigo. Nuestro padre conoció a chilenos de diferente ascendencia —europeos, árabes, israelíes— y de diferentes orígenes nativos. Todos estaban unidos por una causa común: proporcionar a sus familias los pequeños negocios que habían creado o heredado de sus antepasados. El gran temor eran las atrocidades y malas políticas del viejo continente solo tres décadas antes.

A través de esos viajes por Chile, incluyendo Isla de Pascua, mi padre comenzó a conocer las diferentes asociaciones empresariales que existían en todo el país. El sector de la pequeña empresa comenzó a jugar un papel esencial en el abastecimiento y apoyo a la población chilena de poco más de 7 millones. Las grandes empresas, entrelazadas con la clase política, comenzaron a prestar atención a esta importante voz política de pequeñas empresas que lideraba Jorge.

Se organizaron Rally de autos en todo el país, como en

Pichilemu, en las que los empresarios reunían apoyo en un intento de unir a todos los pequeños empresarios por una causa común.

En las elecciones de 1964, el candidato socialista Allende intensifico su discurso popular, sembrando divisiones en la sociedad. Los propietarios de pequeñas tiendas detallistas e industrias todavía eran tratados como ciudadanos de tercera clase. Exprimidos por las empresas más grandes, que en ese momento estaban conectadas con la clase política, se culpó a los pequeños empresarios de las malas políticas económicas de la época. Muchos pequeños empresarios se avergonzaban de llamarse comerciantes independientes, ya que los políticos los convertían en villanos; había comenzado la sumisión al poder del Estado y de las élites. Crecieron monopolios privados más grandes y el Estado se convirtió en el principal proveedor de empleo y programas sociales.

Por esa misma época, en Valparaíso, los partidos socialista y comunista de Chile comenzaron a llamar a la unificación de las fuerzas progresistas para lograr una ideología utópica por medios democráticos. Aunque muchos sabían que no era factible, los verdaderos objetivos eran maximizar el poder de la élite política, quitarles la propiedad privada a los individuos, controlar la riqueza y lograr un régimen de dictadura marxista como en Cuba.

Al inicio de la presidencia de Frei Montalva, la inflación superaba el 80 %. El comercio minorista aún no lograba una acogida positiva en La Moneda para resolver los pedidos de esos años, como **la eliminación del control de precios para los pequeños**

comerciantes (destaca el precio de un vaso de leche servido en las fuentes de soda), y la igualdad de acceso al comercio mayorista. Productos distribuidos entre grandes y pequeñas empresas.

Mi padre recuerda que una forma en que le pidieron al

gobierno de Frei Montalva y al Congreso que escucharan a los comerciantes fue con una reunión masiva en el Teatro Caupolicán de Santiago. Miles de pequeños empresarios ocuparon las áreas dentro y fuera del teatro para protestar pacíficamente por la inacción del gobierno. La Protesta de Comercio de 1964 logró por primera vez su objetivo: que el Gobierno escuchara

76

a los pequeños empresarios, desde puestos de verduras, empanadas y quioscos de periódicos, hasta dueños de servicios de comida independientes. Finalmente, un pequeño empresario tenía el mismo derecho de petición a sus representantes que las empresas comerciales más grandes.

El presidente Frei cedió a la demanda de los líderes de ser escuchados. La Moneda envió entonces al ministro del Interior, Bernardo Leighton, al Teatro Caupolicán para acabar con la amenaza de cierre del comercio. Ese acto inició un largo período de consultas entre comerciantes, representantes del Congreso y La Moneda. Elias Brugere fue designado como representante para llevar el proyecto de ley al Congreso y crear el primer **Registro Nacional de Comerciantes en Chile.**

Creación del Registro Nacional de Comerciantes en Chile

El comercio minorista en Santiago y otras provincias comenzó a florecer justo antes de mediados de siglo. Alrededor de 1950, una familia abría una pequeña tienda minorista en un barrio, y semanas después aparecía otra tienda similar con otro empresario a unas cuadras de distancia. Cuando Jorge Cristi asumió la presidencia de la Confederación Nacional de Pequeños Comerciantes, existían más de 150.000 pequeños negocios, en promedio un comerciante atendía a 60 personas a través del País, y el promedio era menor en la Capital. Las regulaciones de patentes y permisos comerciales establecidas en 1953 no estaban siendo seguidas por miles de comunas, o las juntas de vecinos que tenían la responsabilidad establecer y controlar el comercio local.

Las juntas de Vecinos y la Federación de Estudiantes no respondían ante el control municipal o provincial. No se seguían regulaciones como controles de precios, pesos y

medidas, códigos de salud, y evadían impuesto a las ventas, lo que afectaba a todo el comercio, ya que aumentaba la presión gubernamental a los empresarios que seguían las reglas establecidas. A todo ello se sumaba el peligro de que actividades y comercios ilegales fueran aumentando en todo Chile.

Las poderosas industrias privadas más grandes estaban consolidando la cadena de suministro en todo el país. Muchos de ellos se estaban extendiendo por todo el país con capital y propiedad extranjera. La influencia de los pequeños minoristas en los políticos era inexistente. Muchos propietarios de pequeños negocios, especialmente en las ciudades más pequeñas, tenían miedo de hablar. Durante ese período, el propietario de una pequeña tienda no tenía acceso a un programa de pensiones ni a un seguro de salud.

Mi padre hizo varios viajes por Chile junto a otros pequeños empresarios y líderes sindicales como Hernán Vergara, Enrique Chosch, Carlos Torres, Carlos Lanczet, Carlos Castillo, Concepción Serrano, entre otros. Viajaron por todos los rincones del país para unificar diferentes cámaras de comercio, desde Arica hasta Magallanes (Jorge también recuerda a Hernán

Cortés, presidente de la Cámara de Comercio de La Serena). Mi padre señala que los líderes financiaron estos viajes, y muchas reuniones se llevaron a cabo en fuente de sodas.

Mi padre recuerda un accidente de bus camino a Concepción. Él había hecho un viaje nocturno desde Santiago con su amigo Carlos Castillo para participar en una reunión a la mañana siguiente en Concepción. Mientras ambos dormían, el bus se volcó, hiriendo a varios, entre ellos una mujer y un niño pequeño. Jorge recuerda que él y su amigo administraron los primeros auxilios a los heridos y luego tomaron un taxi a la mañana siguiente hacia la gran audiencia que esperaba a ambos líderes sindicales desde Santiago. Los compañeros de trabajo les regalaron trajes nuevos y la conferencia en Concepción comenzó a tiempo.

Con la colaboración de diputados al Congreso, amigos como Lucho Pareto, Andrés Zaldívar, entre otros, **se creó el Registro Nacional de Comerciantes**

Establecidos en Chile por iniciativa de Jorge Cristi Pizarro. El Congreso la aprobó el 11 de enero de 1969, como ley #17.066. Como resultado, los comerciantes fueron inscritos en un registro único, los municipios y el gobierno regional jugaron un papel en la creación de empresas. Se creó la protección social para los pequeños empresarios y se proporcionaron centros de compras para las pequeñas empresas, así como capacitación fiscal para los empresarios. Finalmente, se eliminaron varios códigos de la Ley de Delitos Económicos.

TERCERA PARTE

La migración de una familia hacia los Estados Unidos

Jorge Cristi Pizarro emigra a los
Estados Unidos en 1973

Mi abuela, Marina Pizarro que había enviudado recientemente y se había mudado a Santiago desde los pueblos mineros del norte a principios del siglo XX, convenció a mi padre a exiliarse de Chile después de que la oposición no obtuviera suficientes votos para remover a Allende durante las elecciones parlamentarias de marzo de 1973. Marina en los años 1930 observó las milicias socialistas y republicanas enfrentarse en Chile, y seguía noticias de España las ideologías odiosas causadas por políticos y hombres sedientos al poder y hambrientos en acumular oro.

Durante sus viajes a fines de 1972 con su cuñado, mi padre conoció a otras familias chilenas en California y decidió abandonar sus actividades comerciales en Chile a principios de 1973. Fue el primer miembro de la familia Cristi Pizarro en emigrar a California en mayo de 1973. Tras el golpe militar en septiembre, una familia, que existía desde antes de la formación de la República de Chile, terminó emigrando a los Estados Unidos.

Durante la primavera californiana de 1973, mi padre inició una nueva etapa de emprendimientos para sostener a nuestra familia. Con el tiempo, se convirtió en un exitoso comerciante gringo y líder activista de pequeñas empresas. A fines de 1973, el gobierno militar chileno ofreció incentivos a los ciudadanos que habían huido del país durante el breve, pero destructivo período del régimen marxista, para que regresaran para la reconstrucción de la República. Muchas familias, sin embargo, anticipando el largo camino hacia la recuperación y las catástrofes que seguirían, permanecieron en el exilio voluntario de la República de Chile.

En Los Ángeles, California, mi padre llegó como muchos migrantes sin saber inglés y con pocos contactos. Comenzó como trabajador de construcción comercial, reparando estaciones gasolineras. Fue en medio de la escasez de gasolina durante la administración Ford y la Guerra de Yom Kipppur. Los miembros de la Organización de Países Exportadores de Petróleo (OPEP) impusieron un embargo contra los EE. UU. en represalia por la decisión de la administración Nixon de reabastecer y defender la nación y la soberanía de Israel. Durante este período desafiante, y con el conocimiento de lo que estaba sucediendo en su país de origen, Jorge comenzó a buscar nuevas oportunidades económicas.

A través de un amigo en Los Ángeles, Jorge se enteró de las revueltas chicanas un año antes en los suburbios del este de Los Ángeles. Las tiendas comerciales habían sido saqueadas y muchos anglosajones habían decidido mudarse del área. Jorge vio el potencial de este distrito en un condado metropolitano de California en auge. En el otoño de 1973, encontró la oportunidad de comprar una franquicia en máquinas de coser Singer en lo que finalmente se convirtió en un distrito hispano emergente.

A mediados de la década de 1970, toda la familia Cristi Pizarro y sus descendientes, con más de 200 años de raíces chilenas, emigraron a los Estados Unidos. Fue un período de ajuste para toda la familia, con las nuevas generaciones creciendo y educadas en el sur de California. Jorge emprendió varias otras empresas comerciales con la familia a principios del siglo XX. Compraron una gasolinera, negocios de muebles, distribución de dulces, e inversiones inmobiliarias. También colaboró con amigos y otros familiares que emigraron de Chile a California para comenzar una nueva vida.

Cuando inició sus actividades comerciales, Jorge participó con otros comerciantes en la Asociación de la Cámara de Comercio del Este de Los Ángeles, donde asumió el cargo de vicepresidente. Entre sus esfuerzos, se destaca una campaña para renovar el histórico Whittier Boulevard.

La Asociación de la Cámara de Comercio del Este de Los Ángeles recibió el apoyo financiero del Congreso de California para restaurar la comunidad histórica. Se instaló iluminación en las calles, un nuevo arco de entrada, árboles y espacios verdes, y otros esfuerzos, todo hecho posible gracias a la cooperación entre comerciantes y representantes políticos. En 1984, y nuevamente en 1989, Jorge Cristi fue reconocido por el Congreso de California por su esfuerzo de liderazgo en el distrito hispano de la Cámara de Comercio de Los Ángeles.

Desde sándwiches de ave a nuevos emprendimientos en California

Durante una época de alta inflación, cerca de fin del siglo, la familia Cristi-Pizarro (formada por cuatro hermanos) se mudó a California. El malestar político que siguió a Nixon y Ford, la reputación decreciente de los Estados Unidos debido a la guerra de Vietnam y la era de Carter dificultaron que los inmigrantes comenzaran nuevas empresas. El rubro de negocio de la familia eran sándwiches de ave fresca, jugos de frutas naturales y leche con plátano.

Toda la familia se adaptó con facilidad a su nueva vida de trabajo, unidad y pensamiento creativo. Bajo la administración Carter, se normalizaron las relaciones con China, se estableció el Departamento de Educación y los derechos humanos fueron una prioridad en los asuntos exteriores. En busca de libertad, mejor educación y oportunidades económicas, la migración hispana al sur de California comenzó a aumentar.

La familia Cristi Pizarro pudo adaptarse rápidamente a la industria detallista con la capacitación adecuada de los franquiciadores. Mi padre aprendió rápidamente las habilidades técnicas necesarias para vender y reparar máquinas de coser del fabricante. Durante una época de gran demanda de productos para el hogar, la competencia era ardua. Sin embargo, los centros comerciales en los boulevard todavía eran populares entre los consumidores que apreciaban la amabilidad de los empleados. La educación de vida real que recibieron de sus padres, Alberto y Marina, resultó beneficiosa en su reciente migración al área hispana.

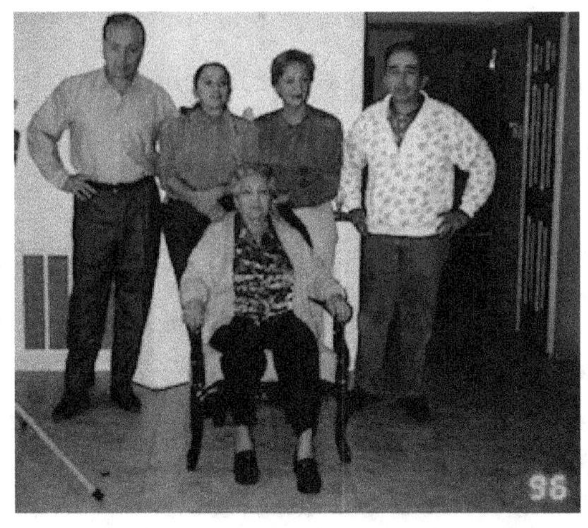

La venta detallista de productos de marca requería una línea de crédito y capital para adquirir grandes compras del fabricante y venderlas a precios competitivos. Ser capaz de ofrecer descuentos del precio sugerido era una práctica que la creciente tienda del Centro de Costura no podía ofrecer cuando comenzó. La familia confiaba en la única ventaja competitiva que tenían en ese momento, que era ofrecer una satisfacción superior al cliente, algo que habían aprendido de su padre hace décadas vendiendo sándwiches de aves con mayonesa hecha todos los días.

No solo comenzaron vendiendo y reparando máquinas domésticas, sino que también se enfocaron en expandirse horizontal y verticalmente en una amplia gama de productos y servicios de consumo. Los nuevos productos y servicios incluyeron máquinas industriales de confecciones, accesorios para bordados, muebles, electrodomésticos, televisores y radios, además de ofrecer clases de costura gratuitas a potenciales clientes. Lentamente, construyeron una extensa base de clientes en el sur de California y se ampliaron las líneas de crédito con el fabricante y los bancos locales.

A lo largo de los años, el negocio se centró en la población hispana del sur de California. Con el gasto público bajo control durante el período de Reagan, las empresas comenzaron a prosperar. A medida que acumularon capital, las tiendas se expandieron, se ofrecieron productos al por mayor y la empresa pudo ofrecer líneas de crédito a nuevos inmigrantes que aún no habían establecido una línea de crédito en los EE. UU.

La economía estadounidense comenzó a mejorar a mediados de la década de 1980 y las tasas de interés comenzaron a bajar. Luego de recibir premios por estar entre los mejores representantes de Singer en EE. UU. entre 1980 y 1997 y permanecer entre los 10 principales minoristas de EE. UU., Jorge, junto a su hijo mayor, mi hermano, también llamado Jorge, fueron reconocidos en los mercados de costura industrial y hogareña por todo California. Después de obtener reconocimiento y expandir una tienda en pleno centro de Los Ángeles, mi padre ayudó a su hermana a comprar y hacer crecer una escuela de reparación de máquinas de costura y moda en 1985.

Su hermana, mi tía Sara Cristi Pizarro, emigró a Estados Unidos en 1977, luego de que la municipalidad de Santiago, bajo control cívico-militar y con los derechos constitucionales suspendidos, hiciera cumplir leyes de expropiación. El edificio histórico "Casa Colorada" en el centro cívico de Santiago, que data de la formación de la República en 1810, cerró sus puertas al comercio y comenzó un nuevo capítulo como futuro museo en la capital.

Recientemente divorciada, mi tía Sara se reinventó en California y abrió una pequeña escuela de costura en el centro de Los Ángeles. Con la ayuda de Jorge y los otros dos hermanos que habían emigrado de Chile. Años después, el Departamento de Educación de los EE. UU. otorgó a la escuela una licencia como instituto técnico, y miles de estudiantes aprendieron nuevas habilidades comerciales durante el auge de la confección de la década de 1990. Décadas más tarde, Sara sería testigo de la disminución del sector de la confección de costura en el centro de la ciudad, a medida que los desarrolladores de bienes raíces con capital chino comenzaron a invertir en el sur de California.

El éxito empresarial de mi padre en el sector detallista se atribuyó al crecimiento de la población hispana en el sur de California a finales del siglo XX, que dependía en gran medida de la industria de la confección. Habiendo aprendido habilidades de marketing en Chile de sus padres, Jorge recuerda que usar objetos brillantes para atraer clientes requería una hábil estrategia publicitaria. En ese momento, los medios hispanos estaban creciendo con cadenas de televisión, radio y periódicos. Anunciaría canastas de costura doradas brillantes "gratis" en cantidades limitadas con cada máquina de coser comprada. Cientos de clientes visitaban su tienda de costura y otros puntos de venta los fines de semana, todos nos preguntaban por las canastas de costura doradas y brillantes que habían visto en la televisión y demostraban poco interés por la máquina que necesitaban comprar.

En la década de 1990, la industria de la moda en varios suburbios de Los Ángeles avanzaba a toda velocidad. Fue el período en el que las nuevas telas, marcas y estilos de moda exigían máquinas de coser más rápidas y económicas. Los productos de Asia comenzaron a hacer una fuerte entrada en los Estados Unidos. Comenzó la competencia por las importaciones de maquinaria de

Japón, China y algunas de Europa. Hubo una demanda de los consumidores y se construyeron nuevas fábricas de moda para crear más máquinas de coser y más baratas.

A mediados de la década de 1990, durante la administración Clinton, la República Popular China (PRC) finalmente se unió a la Organización Mundial del Comercio, lo que permitió a la nación emergente de mil millones de personas acceder a los mercados globales con los mismos beneficios de comercio preferencial y prácticas del medioambiente que las naciones pobres de América Central o África. A fines del siglo XX, Estados Unidos cambió su estrategia de fabricación, renunció a su fuerza central de mano de obra calificada y se centró en la tecnología más avanzada que se necesitaba en los albores del siglo XXI.

Comenzaron a aparecer nuevos productos más baratos y tiendas del retail, como la "tienda de dólar" con artículos para el hogar hechos en China. Jorge recuerda que este fue el período de los representantes de una empresa de la República Popular China con sede en una provincia entonces poco conocida, llamada Zhejiang. Comenzaron a recorrer California para importar sus productos de costura más baratos. Descubrieron que George Cristi, como ya se le conocía en California, era el distribuidor con la reputación de mercado el rubro. Así es como los representantes de una empresa de la RPC en expansión y Jorge se conocen en 1996. A través de esa relación, Jorge comenzó a reconocer que esta empresa China ya había penetrado en el mercado de África, India y Asia con maquinaria más barata. Era solo cuestión de tiempo antes de que entraran en el mercado estadounidense de costura doméstica y fábricas.

Como se hizo el Made-in-China

En 1997 mi padre fue contratado como ejecutivo de ventas para establecer una red de distribuidores en EE. UU. y países como México, Canadá, Guatemala y El Salvador. Con su experiencia en la industria de la costura detallista (algo que había aprendido al emigrar a los EE. UU. y de joven en una fábrica de camisas y jeans en Chile), la recomendación de Jorge a la empresa China fue que mejoraran la calidad de los productos de costura para competir con el japonés y otros mercados.

Mi padre fue enviado a la fábrica en la provincia de Zhejiang para hacer recomendaciones sobre los productos que se exportan, principalmente sobre el proceso de fabricación y la calidad de los materiales de producción que se utilizan. Recuerda el doloroso proceso de explicar este concepto a una cultura disciplinada para la cual la frugalidad es el principio rector. Le tomó meses convencer a la gerencia de que no era suficiente tener componentes similares, sino que era necesario mejorar la calidad de la materia prima para que las máquinas no se rompieran cuando las usaran consumidores extranjeros.

Se hicieron varios intentos para encontrar el equilibrio correcto de aleación de acero, ya que la gerencia equilibró cuidadosamente la necesidad de calidad y el ahorro de los escasos recursos naturales de la nación. En este punto, el mercado de producción de maquinaria de costura se expandió en la provincia de Zhejiang. En sus largos viajes desde California a China, Jorge recuerda haber visto copias de máquinas Singer negras que se vendían a India y África desde pequeñas fábricas caseras en esa provincia.

Durante los siguientes 20 años, mi papá amplió el mercado de productos de costura de la empresa, estableció su sede en California y observó cómo se compraban otros productos y tecnologías en EE. UU. y se llevaban a diferentes provincias de China continental para ser copiados y producidos en grandes cantidades.

A principios del siglo XXI, justo después de los trágicos acontecimientos del 11 de septiembre, la administración Bush comenzó a centrarse en el Medio Oriente. Luego, Obama se enfocó en los refugiados de Afganistán y Siria. Esto fue exactamente cuándo diferentes regiones de la República Popular China comenzaron a diferenciarse y prosperar en mercados de productos específicos. Las provincias se organizaron sobre exportaciones específicas y recursos locales, como automóviles, maquinaria agrícola, computadoras y productos electrónicos, porcelana y vidrio, otros productos para el hogar, etc. Con distintas habilidades en varias ciudades. Esta falta de interés desde el gobierno norteamericano permitió que la República Popular China surgiera, invirtiera en el extranjero y creciera en la producción y exportación de productos copiados desde los Estados Unidos.

En los 20 años que mi padre viajó a China, observó cómo se expandían las provincias, y cómo los trabajadores que inicialmente se movían en bicicletas, ahora tenían motos y celulares. Las fábricas que comenzaron en casas rústicas luego fueron reconstruidas como modernos emprendimientos industriales automatizados, en lo que comenzó como una pequeña provincia entre campos de arroz. Los trabajadores continuaron trabajando diligentemente y la cultura de la disciplina no permitió que nada se desperdiciara, ya que todo se reciclaba o reutilizaba. Mi padre recuerda que, en la provincia de Zhejiang, el dueño de la empresa, un economista, también fue concejal de su provincia, y luego se convirtió en secretario del Partido Comunista de China en Beijing.

Después de sus roles empresariales y de activismo en las Américas a principios del siglo XXI, Jorge observó con atención la cultura disciplinada de China. Independientemente del título o puesto comercial, la clase trabajadora y la cultura gerencial respetaron la experiencia de la generación anterior. Zhejiang estaba en auge con una primera generación de trabajadores jóvenes, muchos de los cuales habían sido educados por primera vez en Occidente. Estos trabajadores también fueron los primeros en sus familias en dejar los campos de arroz o las condiciones de trabajo rústicas para trabajar diligentemente en las fábricas modernas. Todos tenían una disciplina moral rectora de trabajo duro, frugalidad y no cuestionar la autoridad; a nadie en China le preocupaba acumular productos como un segundo automóvil, casas de vacaciones o recibir incentivos de pensiones y beneficios.

La demanda global de fusionar componentes electrónicos en viejas cajas mecánicas lanzó muchas máquinas nuevas. Las marcas registradas, las patentes y los largos procesos regulatorios de ingeniería y de estilo occidental no eran motivo de preocupación. La producción rápida y masiva fue el principio rector para satisfacer la demanda mundial de maquinaria electromecánica innovadora y económica. Jorge recuerda que en la República Popular China le pidieron ayuda en el diseño de una nueva máquina de bordados. Su experiencia y educación técnica años antes, cuando invirtió en su taller de máquinas de coser, le sirvieron bien.

En la gran ciudad de Shanghai, durante las convenciones anuales de maquinaria de costura, Jorge observó cómo crecían otras industrias similares. A través de sus viajes por los EE. UU. y por todo el continente americano, Jorge fue testigo de primera mano de la expansión del mercado chino a través de productos más baratos, una base de consumidores exigentes, buenas habilidades de marketing y el desarrollo de nuevos contactos comerciales. Mi padre recuerda que desarrolló un posible contrato comercial con la mayor empresa estadounidense del Retail, lo que causó gran entusiasmo entre la junta directiva de la empresa de la RPC. Sin embargo, la conexión no se concretó porque la integridad de la cadena de suministros en la República Popular China no cumplía los mínimos requisitos laborales y ambientales.

Mi padre terminó su carrera comercial antes de que estallara el COVID. Observó empresas como Singer (EE. UU.), Brother and Juki (Japón), Paff (Alemania), entre otras, decidieron trasladar su fabricación a China para competir en el mercado global con una mano de obra más barata y sumisa.

Reflexión de Jorge Cristi Pizarro

Ahora, a una edad avanzada, mi padre se complace en haber desarrollado una larga carrera en el comercio detallista y como líder sindical empresarial en Chile, y luego en los Estados Unidos. Durante su juventud, con padres trabajadores de comienzos desafiantes, entendió que el trabajo duro desde la adolescencia, la educación y la honestidad eran necesarios para tener éxito. Su madre, Marina, jugó un papel crucial en su educación y

carácter. Inicialmente con su hermano mayor, aprendería de ella a leer y escribir. La lectura de libros, muchos de ellos obtenidos de amigos y de distintas fuentes, le sirvió de base elemental.

Tuvo la suerte de asistir a la educación superior patrocinada por el gobierno. Aunque no pudo asistir a una universidad para lograr su sueño de estudiar medicina en un momento en que las opciones eran limitadas, los esfuerzos y los contactos comerciales de su padre le permitieron obtener un certificado de contabilidad en un instituto de prestigio.

A lo largo de más de 60 años de aventuras y emprendimientos, liderando gremios y defendiendo el comercio libre y justo, mi padre pudo realizar negocios en todos los continentes con personas de diferentes orígenes y creencias. Ha tenido una vida larga y acontecida. Se ha encontrado con terremotos, censura, división política y encarcelamiento, disturbios callejeros en Chile y California, y ha sido testigo del fortalecimiento y la destrucción de democracias.

Fue uno de los pocos que presenció el crecimiento de la República Popular China. Observo en primera mano una cultura trabajadora, dispuesta a competir en todo el mundo con hábitos frugales y una disciplina que exige obediencia notoria. Esta cultura no permitiría que la democracia prospere.

Durante una época en la que Chile comenzó a tomar la transición a una dictadura marxista en los años 1960, seguida por un régimen militar totalitario en el cual se ausentó, él se adelantó a tomar la iniciativa con celeridad y se comprometió a liberar a los propietarios de pequeñas empresas, comerciantes y emprendedores del control monopolístico, públicos y privados.

En su largo recorrido, aprendió que la competencia sin la interferencia de fuerzas externas y la igualdad de condiciones para todos los actores comerciales son los mejores ingredientes para el éxito. . . algo que falta implementar por la clase política de muchas naciones.

Las mismas preocupaciones que lo preocuparon hace 60 años están resurgiendo una vez más. La historia parece repetirse de manera deliberada y gradual, con el único propósito de desmantelar las repúblicas y sus sociedades. Lamentablemente, muchas personas siguen cayendo en las mismas trampas destructivas que se colocaron en el siglo anterior.

Debemos comprender de manera rápida cómo el Partido Comunista chino se expandió al final del Siglo. La amenaza que se está aproximando resulta sumamente desconcertante en relación con el control absoluto de diversas necesidades en distintos continentes. La República Popular China controla casi toda la cadena productiva, incluyendo productos fármacos y energía alternativa, y también pareciera que el diálogo social con políticos e intereses comerciales están interconectados.

Las generaciones actuales y futuras deben desafiarse a sí mismas constantemente, permanecer enfocadas en el futuro y permitir la libertad de expresión y pensamiento con respecto a los éxitos y fracasos del pasado. *Con una educación temprana, alejada de todo adoctrinamiento ideológico, enfrentando la verdad y evitar la censura, se garantizará la preservación de la democracia.*

Las sabias palabras de George Washington son ahora más importantes de recodar, *"Si se nos quita la libertad de expresión, entonces, mudos y silenciosos, podemos ser conducidos como ovejas al matadero"*.

 En 1923, cuando mi abuelo estaba trabajando en un restaurante en el que hoy se encuentra El Faisan D'Or (est 1926) y el Marco Polo (est 1954) situados al costado de la Catedral de Santiago, cuando conoció a mi abuela. Juntos iniciaron un nuevo emprendimiento durante la difícil época que atravesó la República de Chile hace un centenario. La historia de Fuente de Sodas "La Gallina" en la histórica "Casa Colorada" de Santiago y una familia colonial chilena que emigra a los Estados Unidos en 1973 se puede encontrar en: ***www.LaGallina.Info***

Apellidos Cristi Prado y Cristi Pizarro, Familias Chilenas

Cuando mi padre, Jorge Cristi Pizarro era joven, tuvo un breve encuentro con su abuelo paterno, Carlos Rafael Cristi Prado (1871-1941).

La vida de su abuelo comenzó en una pequeña región norte de Chile. Hijo de una adolescente soltera, irlandesa y un padre de familia prestigiosa, casado y político regional en el pueblo minero de Monte Patria, Ovalle, Chile. Carlos Cristi Prado era tío de Oscar Cristi Gallo, el primer medallista de Chile en los Juegos Olímpicos de Helsinki de 1952. Fue el segundo mayor de los muchos hijos que tuvo la adolescente

Josefina Elena Prado Poett (1854-1898). Mi padre fue testigo de cómo mi abuelo, después de juntar unos pesos fue al cementerio general de Santiago, y donde descansan miles de chilenos abandonados por familias, trasladaron el cuerpo a un lugar más noble. Nunca se supo donde su abuela fue enterrada.

Josefina Elena Prado Poett fue hija de Josephine Poett (1824-1889), una inmigrante irlandesa que huyó de la hambruna irlandesa. Llegó a La Serena con su hermano Enrique Poett; ambos descendientes de un noble, guardia de la reina Victoria de Inglaterra. Josephine se casó con Feliciano Prado Urizar, un hispano-chileno beneficiario de tierras de la conquista. Josefina Elena tuvo su primer hijo Cristi-Prado a la edad de 13 años en el Chile colonial.

El linaje de la familia Cristi se remonta en tiempos coloniales y conquista. Un francés llamado Jean Baptiste Christy-Saliere Vangeon, llegó a Valparaíso en 1709. Juan Bautista Cristi (Chile) vive en Santiago y en

Valparaíso, donde se dedica a la importación de telas. Se señala que el apellido "Cristi" procede de Italia en la época medieval, con variaciones de letras "i, y, e", letra "o" y "ch".

El francés se casó a los diecinueve años, y cuando queda viudo de Gabriela Velasquez y Jimenez Menacho, se casa con Isabel García de Morales. Sus 17 hijos más tarde se trasladan al sur de Santiago (Colhagua), los Cristi-Velásquez, y al norte (Ovalle y Sotaqui) los Cristi-Morales. Juan Bautista falleció en Santiago en 1743 a los 53 años y su esposa Isabel cuido de su legado e hijos. Datos de genealogía comparten que Vicente Domingo Cristi Morales (1740-1838), regidor y alcalde de Petroca, era uno de los 17 descendientes del francés y se casó con María Catalina Humeres y Diaz de Meneses.

Uno de sus hijos (el mayor) fue Manuel Cristi Humeres (1765-1820), casado primero con Tadea Munizaga Trujillo (sin hijos) y después con Mercedes Ceballos (va. Zeballo) y Egaña Marin en Sotaqui (Coquimbo) en julio 1799. Este periodo de conquista que une a los Cristi, Morales y Humeres en el norte de Chile culmina durante la Independencia de la República. Después de la guerra de la Independencia y tiempo de O'Higgins, comienza la organización constitucional de la República.

En este periodo constitucional alrededor de 1823 se comienzan a abolir los mayorazgos que automáticamente otorgaba al primogénito(a) 1/3 de la fortuna (tierras) cuando llegaba a su mayoría. El resto de las tierras era heredado después por la familia, según estaba documentado y bendecido por la Iglesia y esposa. El primer registro civil de Chile se crea a fines del siglo IXX. Anteriormente, cuando llega el francés se traían esclavos y las tierras en Chile eran heredadas según vínculos de familia que existían y repartidas por leyes españolas. **"El Linaje de Humeres"** en página 163 menciona la sucesión Cristi Humeres con la familia Prado, que tiene una historia de mayorazgos en Chile.

Gabriel Cristi Zeballo (1812-1866) fue uno de los ocho hijos de Manuel Cristi Humeres junto con el hermano Rafael y hermanas Micaela (primogénita), Marcelina del Carmen y Maria del Rosario. Gabriel se casó en Sotaqui el 20 de julio de 1845 con Rosalia Pizarro Cristi, cuál era su sobrina, hija de Marcelina Cristi Zeballo.

Roberto Cristi Pizarro fue hijo de Gabriel y Rosalía. Roberto nació en Sotaqui en 1852, y su padre Gabriel fallece cuando él tenía 14 años. Se encarga de él su tío, Rafael Cristi Zeballos, n. Ovalle (1807-1875) y casado con Rosario Humeres Arcaya (n. 1814 en Stgo), tienen trece hijos Cristi-Humeres. Juan Rafael (primogénito), Nicanor, Vicente, Ruperto, Javier, Filiberto, Eduardo y Samuel, todos de apellidos Cristi-Humeres. Primo de ellos es Roberto Cristi Pizarro quien conoce a la hermosa irlandesa Josefina Elena Prado Poett durante la adolescencia de ambos y se casan con registro décadas después.

El primogénito y heredero Juan Rafael Cristi Humeres (1833-1900) agricultor minero (Gaceta de los Tribunales 1906, Stgo Chile) quien se casa con Rosario Humeres de Cristi, n. Sotaqui 1827 después supuestamente de embarazar la joven irlandesa y enamorada de su primo Roberto, Josefina Elena Prado Poett.

La familia Prado que tiene uno de los pocos mayorazgos registrados en Chile y su conexión con el apellido Cristi Humeres comienza con la Irlandesa Josephine Poett (1824-1889), abuela de Carlos Rafael Cristi Prado. Esta irlandesa se casó en el Chile postcolonial en 1840 con Feliciano Prado Urizar (n 1812). Feliciano Prado era dueño de mina e hijo de Don Pedro José Manuel Prado Montaner (n 8 Jun 1780), capitán y comandante del regimiento de la princesa durante la Guerra de la Independencia; fue miembro del Cabildo de Santiago, y en 1828 fue nombrado vicepresidente del Senado. Esta familia fue heredero colonial de grandes fortunas como la hacienda de Puangue, la chacra San Antonio y la estancia de

Pudahuel (donde mi abuelo Luis Alberto Cristi Ceron y su padre, Carlos Cristi Prado trabajaron).

Feliciano Prado y la irlandesa Josephine Poett tienen varios hijos de apellido Prado-Poett, entre ellos Feliciano, Luis Eduardo (1847), **Josefina Elena (1854),** Enrique (1855-1896), y Margarita quien contra nupcias con otro Cristi (Ruperto Cristi Humeres el 21 Sep 1914).

Los hermanos Cristi-Prado, Alfredo, Ángel y Carlos Rafael Cristi Prado nacen en 1867, 1869 y 1871 respectivamente. Su madre tenía entre 13 y 17 años. Su padre(s) fue un gran secreto y misterio del norte de Chile. Años después, a los 31 años Roberto Cristi Pizarro se casó en Ovalle el 30 de mayo de 1886 en un registro religioso de Sotaqui con Josefina Elena Prado Poett, cual aparece como viuda de 32 años y ya con hijos mayores Cristi - Prado.

Su segundo hijo, Angel Cristi Prado, se casó en 1890 con Eloysa Lyon Prinmier y sus testigos fue su madre Josefina y Roberto (casados 4 años ante), y declaran a un tal Ángel Cristi como el padre. Doce años más tarde, Josefina fallece dejando varios hijos y su única hija, Elena Cristi Prado. Cual se casa al cumplir 21 años, y después de la muerte de su madre con el abogado Ignacio Anguita Greene, el 15 julio 1900. En sus respectivos matrimonios, los hermanos mayores, Alfredo y Carlos, y su hija Elena declaran a Juan Rafael Cristi y Josefina Elena Prado como los padres. Cuando fallece Juan Rafael Cristi Humeres el 30 de abril de 1900 (cuando el Registro civil en Chile se establece) el nuero abogado Anguita Greene, y el hijo Carlos Cristi Prado, lo declaran viudo de Josefina Elena Prado Poett. Juan Rafael Cristi Humeres podría ser el abuelo de Luis Alberto Cristi Cerón, quien nunca conoció.

Epílogo

Algunas de las diferentes tácticas, abiertas y encubiertas empleadas en los viejos y nuevos continentes durante la primera Guerra Fría parecen haber regresado. En enero de 2023, globos meteorológicos rápidos de la República Popular China volaron a través de los EE. UU., no diferentes de los globos meteorológicos más lentos desplegados en la Unión Soviética y China para realizar vigilancia en la década de 1960. Estas tácticas visibles se utilizaron en plena revolución tecnológica y ahora, junto con otros métodos encubiertos, se propagan como un virus que amenaza con destruir repúblicas.

En 2019, la economía de EE. UU. estaba prosperando, mientras que China y Rusia estaban en decadencia. Sin embargo, el liderazgo del 116º Congreso de los EE. UU. estaba haciendo esfuerzos para destituir al presidente de los EE. UU. en ejercicio, lo que recordaba escándalos pasados como los escándalos sexuales de Clinton o la negación de conversaciones secretas grabadas por parte de Nixon.

En 2019 viajamos por Chile y la Patagonia, comentamos con mi padre que el descontento, la división política y la envidia se extendían como un virus en diferentes partes del mundo. parecía que solo una ideología política era la que tenía derecho a gobernar las naciones democráticas. Esto estaba generando una gran tensión entre las naciones que podría manifestarse fácilmente. Más adelante, ese año varias repúblicas prósperas experimentaron protestas violentas después de meses de anticipación. A lo largo de meses, políticos y activistas utilizaron antiguas palabras de reformas para difundir el odio entre razas y clases, incentivando la violencia y recurriendo a las mismas tácticas utilizadas durante décadas anteriores.

En 2019, ese septiembre en Nueva York, lo más memorable para mí fue el último discurso del 45º presidente de los EE. UU. frente a la Asamblea General de la ONU:

"Uno de los desafíos más serios que enfrentan nuestros países es el espectro del socialismo. Es el destructor de naciones y el destructor de sociedades".

En ese momento, cuando las delegaciones del Congreso de California y Nueva York distrajeron a sus electores con dramas al estilo de Hollywood y Broadway, asistidos por medios comunistas, me pregunté si habíamos entrado en otra Guerra Fría, 2.0; esta vez con intereses extranjeros entrelazados dentro de las instituciones estadounidenses y mentes ingenuas que caen en viejos engaños y mentiras. Así es como hoy nos encontramos con $32 mil billones de dólares de deuda nacional que están heredando nuestros hijos y nietos.

No hay duda de que intereses ocultos han penetrado tanto en el sector público como en el privado, rompiendo el tejido de la república. Nada nuevo hay en esas agendas ocultas, solo falsas promesas, subversión a la libertad y destrucción de repúblicas. Cuanto necesitamos recodar hoy las palabras de Benjamín Franklin, *somos una república si podemos mantenerlas.* O bien, palabras de Reagan, *la libertad nunca se encuentra a más de una generación para su extinción.*

Durante más de cuatro décadas, protegí y participé en la creación de los secretos militares avanzados más preciados. Mis experiencias de vida me han conducido a más de 30 países, muchas ex repúblicas de la Unión Soviética y varias visitas a grandes industrias militares que, en el pasado, tenían como objetivo la destrucción de nuestras comunidades. Hoy el daño ha llegado a repúblicas y no es un arma tangible. Lo que al principio parecía ser una mucosidad nasal, ahora es algo más profundo que ha calado en nuestra sociedad.

Lamentablemente, el hambre de poder y el egoísmo de quienes se creen guardianes de la democracia destruyen el funcionamiento interno de las naciones, para deleite de los potenciales enemigos. Muchos aún tienen que darse cuenta de que la fuerza de una nación depende de la confianza, el respeto y la libertad de sus individuos; algo está rompiendo este componente esencial que ayuda a los países a mantener sus principios fundacionales.

Nuestra sociedad e instituciones se han visto afectadas por una fuerza dañina. Esta fuerza no se puede ver ni identificar científicamente, pero se manifiesta a través de la envidia y la desconfianza entre los ciudadanos, el deseo de poder, el poder absoluto de los individuos tanto privados como públicos, y la falta de fe. Como humanos modernos, debemos aprender de los errores del pasado y trabajar para combatir las fuerzas del mal, que separan al hombre de Dios, subvierten la libertad y una sociedad sumisa a la voluntad de los demás. Podemos encontrar orientación en un símbolo del capitalismo, las sencillas palabras impresas en el reverso del billete de un dólar:

"In God We Trust."

Receta Torta de Milhojas, La Gallina

El origen de nuestra Torta de Milhojas" se remonta a 1930, cuando mis abuelos establecieron Fuente de Soda La Gallina. Después de que toda la familia se mudó a los Estados Unidos, incluyendo mi abuela Marina Pizarro en 1974, compartió la receta original que ella creó para la Fuente de Soda. En los Estados Unidos, he sido testigo de ver a jóvenes y adultos esperando ansiosamente el manjar caliente (dulce de leche) durante la elaboración de la torta. Los niños han observado a sus padres y abuelos amasar y hornear delicadas hojas pasteleras con gran cuidado, amor y atención. Mi madre Ana aprendió la receta de su suegra, mi abuela Marina. Ahora, la tercera hasta la quinta generación descendientes de "La Gallina" en los Estados Unidos disfrutan de esta torta casera.

Pasos:

Relleno
• *4 latas de leche condensada (menos azúcar opcional), que deben hervirse antes.*
• *2.5 tazas de nueces picadas (opcional)*

Masa
• *3 tazas de harina*
• *Una pizca de sal*
• *250 g de mantequilla sin sal (a temperatura ambiente)*
• *2 cucharadas de pisco o ron blanco*
• *3 yemas de huevo*
• *¾ taza de leche entera de vaca*

• Para preparar manjar o dulce de leche, hierva la leche condensada durante dos horas. Utilice una olla mediana y añada agua hirviendo según sea necesario para cubrir las latas. Retire la etiqueta de las latas antes de hervir.

• <u>Prepare la masa la noche antes</u>. Combine la harina y la sal en un bolo grande. Añade trozos de mantequilla, yemas de huevo, leche y pisco y rápidamente junte hasta formar una masa de consistencia media. Dejar residuos de mantequilla en la masa para que quede crujiente después de hornearla.

- Con plástico, recubra la masa y refrigerarla durante la noche con el fin de evitar que residuos de mantequilla se derritan.

- Precalentar horno a 350F o 180C. Divida la masa en 14 porciones. Después esparza con un uslero porciones bien delgada y corte círculos con un diámetro de 8 a 9 pulgadas utilizando un plato como guía. Perfore cada capa con un tenedor. En una bandeja para hornear, caliente las capas durante 5 a 7 minutos o hasta que se doren. Permita que se enfríen.

- Prepare la Torta con manjar entre cada capa, como opción agregué nueces picadas entre 2 o 3 capas (también se puede poner mermelada a gusto entre algunas capas). Nuestra familia usa una olla mediana para presionar firmemente la torta terminada, lo que hace que las capas se rompan en mil pedazos. Por último, enfríe la Torta durante una hora y luego la vierte en un molde para servir.

El recorrido de un padre en su 50 aniversario como

migrante a los Estados Unidos. Esta historia cuenta

cómo la ambición de poder y el egoísmo de aquellos

que se creen los guardianes de la legitimidad y libertad

destruyen el funcionamiento interno de organizaciones

y naciones, para el deleite de los potenciales enemigos.

Desde Chile hasta China, viviendo en los Estados

Unidos, esta historia se desarrolla alrededor del siglo

21.